# *Das Buch der Prophezeiungen*

Johannes von Jerusalem

# *Das Buch der Prophezeiungen*

## Zukunftsvisionen für das dritte Jahrtausend

Das Quellenbuch des Nostradamus

*Aus dem Französischen von Kristiana Ruhl*

Seehamer Verlag

Titel der französischen Originalausgabe:
LE LIVRE DES PROPHETIES
Erschienen 1994 bei Editions Jean-Claude Lattès


Genehmigte Sonderausgabe 1996 für
Seehamer Verlag GmbH, Weyarn
Titelgestaltung: Bine Cordes, Weyarn
Printed in Austria
ISBN 3-929626-90-X

## Inhalt

DRITTER TEIL:

## Der Prophet des dritten Jahrtausends

*Die Zusammenstellung*
*der Prophezeiungen ebenso wie die*
*Einführung, die Anmerkungen,*
*die Bildlegenden und das Nachwort stammen*
*von Professor Galvieski,*
*der das Manuskript des Buches*
*der Prophezeiungen entdeckte.*

Erster Teil

# Das einzigartige Schicksal des Johannes von Jerusalem

1. Kapitel

# Soldatenmönch, großer Eingeweihter, ›Tapferer unter den Tapferen‹, ›Heiliger unter den Heiligen‹

Vor etwa tausend Jahren wurde in der Nähe des Benediktinerklosters von Vézelay ein Kind geboren, das auf den Namen Johannes getauft wurde.

Seine Existenz und sein einzigartiges Schicksal waren über Jahrhunderte hinweg nur Eingeweihten bekannt, die von Generation zu Generation die Schriften desjenigen weiterreichten, der zu Johannes von Jerusalem, dem Mönch, geworden war.

Es bedurfte der Katastrophen der letzten Jahrhundertwende, damit das Buch der Prophezeiungen – das von einigen Eingeweihten seit dem 14. Jahrhundert lieber als Geheimprotokoll der Prophezeiungen bezeichnet wird – aus der Versenkung auftauchen und der Name des Johannes von Jerusalem sich von Kreis zu Kreis verbreiten konnte. In dieser Hinsicht ähnelt er Nostradamus, dem provençalischen Astrologen, von dem bestimmte Gelehrte glauben, daß er

*Das Manuskript, so wie es in Sagorsk entdeckt wurde (Sammlung Viollet)*

zu den Eingeweihten gehört, die das Geheimprotokoll der Prophezeiungen gelesen haben. Daß er im Lichtkreis des Johannes von Jerusalem und seiner Weissagungen erscheint, ist mit Sicherheit kein Zufall.

Nur Blinde und Kurzsichtige, die die unterirdische Ordnung der Ereignisse nicht zu deuten verstehen, können dies annehmen.

In der Tat mußte die Entdeckung des Geheimprotokolls der Prophezeiungen – da es eine mysteriöse Notwendigkeit gibt, welche die Abfolge der Dinge regelt – heute stattfinden, zu einem Zeitpunkt, da der Beginn des dritten Jahrtausends nicht mehr fern ist. Denn das Jahr 2000 stellt exakt die Schwelle dar, die Johannes von Jerusalem überschritten hat: Seine Prophezeiungen betreffen die faszinierende und beunruhigende Weite, die sich jenseits der Jahrtausendwende erstreckt, das 21. Jahrhundert, das symbolische Äquivalent zum 11. Jahrhundert, in dem Johannes von Jerusalem lebte. »Wenn das Jahrtausend nach dem Jahrtausend beginnt …«, schreibt er in seinem Geheimprotokoll.

Dieses zweite Jahrtausend liegt vor uns – wir sind nur noch wenige Schritte davon entfernt.

Es gab also eine Notwendigkeit dafür, daß dieses Buch der Prophezeiungen aus dem Dunkel der Jahrhunderte auftauchte, in dem sich der Name des Johannes von Jerusalem versteckt gehalten hatte. Gäbe es nicht dieses den Menschen verborgene Gesetz, hätte das Buch der Prophezeiungen ebensogut aus den Gedächtnissen und Bibliotheken verschwinden können, ein anonymes Sandkorn zwischen Milliarden von Sandkörnern, die sich in tausend Jahren ansammeln.

Doch im Gegenteil taucht in dem Moment, in dem sich das dritte Jahrtausend ankündigt, das Buch der Prophezeiungen auf und weissagt uns, was geschehen wird. Es belehrt und erleuchtet uns.

»Wenn das Jahrtausend nach dem Jahrtausend beginnt ...«, werden wir das Geheimprotokoll gelesen haben, das uns Johannes von Jerusalem vermacht hat, und trotz der immensen Zeitspanne, die uns von ihm trennt, können wir nicht daran zweifeln, daß er uns etwas zu sagen hat. Johannes von Jerusalem gehörte zu den Menschen, denen die Erkenntnis gegeben war und die die Grenzen der Zeit zu überschreiten wußten, um Zukunft oder Vergangenheit aufzusuchen. Für sie, die Meister der Gnosis, strömt die Zeit nicht ununterbrochen und unfaßbar dahin wie das Wasser eines Flusses. Für sie ist die Zeit wie ein See, in dem man, wenn man kann, Tiefen zu entdecken, entgegengesetzte Ufer zu erreichen, seine Karte zu zeichnen und alle Strömungen kennenzulernen vermag.

## Das geheimnisvolle Leben des Johannes von Jerusalem

Wie hat sich Johannes von Jerusalem diese Kunst der Erkenntnis, diese Wissenschaft von der Zeit, angeeignet, die es möglich macht zu prophezeien?

Ein Manuskript aus dem 14. Jahrhundert, das kürzlich im Kloster von Sagorsk unweit von Moskau wiedergefunden wurde – wahrscheinlich das erste, in dem im Zusammenhang mit den Prophezeiungen der Ausdruck ›Geheimprotokoll‹ verwendet wird –, liefert in zirka zwanzig Zeilen ein vages Porträt des Johannes von Jerusalem.

*Ein vages Porträt*

Über sein äußeres Erscheinungsbild wird nichts gesagt. Johannes wird jedoch als ›Tapferer unter Tapferen‹ und als ›Heiliger unter Heiligen‹ bezeichnet. Es heißt dort, daß er »lesen und dem Himmel lauschen konnte« und daß »er Auge und Ohr des Menschen war, durch den sich die Kräfte Gottes sehen und hören lassen«.

Auf diese Weise war Johannes von Jerusalem ein Vermittler, ein Sehender, der unter einem Diktat schrieb, dessen Hand von einer Stimme geführt wurde. Sein

Blick enthüllte den verborgenen Aufbau der Welt, die Risse, die von einem Punkt in der Vergangenheit oder Gegenwart aus in die Zukunft führten und die Karte des dritten Jahrtausends zeichneten.

*Kindheit im Burgund*

Kam dieses Wissen des Johannes von Jerusalem aus dem Umfeld, in dem das Kind von Vézelay aufgewachsen war, aus dem Burgund mit seinen großen Abteien, aus der »Erde des Herrschers, dem Land der schwarzen Wälder und des hellen Glaubens, wo die Lichtungen der Hoffnung die Wälder des Teufels durchbrechen« – wie es in dem Manuskript heißt, in dem Johannes von Jerusalem erwähnt wird?

Daß er ein Bauernsohn war, ist wenig wahrscheinlich. War sein Vater einer jener Feudalherren, die auf nebelverhüllten Berggipfeln in Steintürmen lebten? Diese Ritter – von denen sich viele den Kreuzzügen anschlossen – wachten über das Benediktinerkloster von Vézelay, das im Jahre 864 von Girart de Roussillon gegründet worden war, einem der Hauptvasallen von Kaiser Lothar II.

Im Grunde ist nichts bekannt über die Kindheit des Johannes von Jerusalem. Wenn er sie erwähnt hat, dann sind diese Texte verschwunden. Vielleicht warten sie aber auch im Verborgenen auf den passenden Moment ihres Auftauchens, auf die richtige Stunde, in einem Kloster auf dem Berg Athos, in einer Felsenhöhle oder auf dem Grund einer Grotte in heiligem Boden.

*Die Benediktiner von Vézelay*

Vielleicht waren Johannes' Eltern Pilger, die auf dem Weg nach Santiago de Compostella waren, und Johannes wurde auf der Durchreise in Vézelay geboren, weil sein Schicksal es so bestimmt hatte. Dadurch wurde er an dieses Benediktinerkloster gebunden, von dem es hieß, es habe Reliquien von Maria Magdalena, der Sünderin, in seinem Besitz.

Er wird von den Benediktinern von Vézelay jedenfalls als einer der Ihren betrachtet, denn in einem ihrer Manuskripte ist die Rede von »Johannes von Jerusalem, Kind des Klosters, Sohn des Burgund, Soldat Christi auf Heiligem Boden«. Ab dem 14. Jahrhundert jedoch ist sein Name, der bis dahin regelmäßig erwähnt wurde, nirgendwo mehr zu finden – abgesehen von dem Manuskript, das in Sagorsk entdeckt wurde. Hier

*Bildnis eines Ritters vom Templerorden, zu dessen Gründern Johannes von Jerusalem gehörte (Sammlung Viollet)*

wird der Ausdruck ›Geheimprotokoll‹ verwendet, als ob es gefährlich geworden wäre, sich auf Johannes von Jerusalem und seine Schriften zu beziehen.

*Gründer des Templerordens*

Es ist richtig, daß Johannes von Jerusalem einer der Gründer des Templerordens war. Man weiß auch, daß die Macht der Tempelritter im 14. Jahrhundert so groß war, daß sie von dem französischen König Philipp dem Schönen verfolgt wurden. Es war deshalb mit Sicherheit gefährlich, den Namen des Johannes von Jerusalem zu erwähnen. Er war in der Tat, so belegen es mehrere Chroniken, der siebte der acht Ritter, die sich im Jahre 1119 um Hugo von Payens aus der Champagne gruppierten, um den Templerorden ins Leben zu rufen.

Er starb kurz danach, wahrscheinlich noch im Jahre 1119 oder 1120. In der Chronik heißt es: »Er wurde von Gott gerufen, als er zweimal von der Ziffer des Siegels gezeichnet war.« Daraus ließe sich schließen, daß er zu diesem Zeitpunkt 77 Jahre alt war. Die Ziffer Sieben, die des Siebten Siegels, die symbolische Zahl, der die Eingeweihten soviel Bedeutung beimessen, bestimmt

*Zeichnung nach einem Grabstein, von Professor Galvieski als Porträt des Johannes von Jerusalem identifiziert (Sammlung Viollet)*

ganz klar das Schicksal des Johannes von Jerusalem. Geht man davon aus, daß er im Jahre 1119 starb, wäre er demnach im Jahre 1042 geboren, in der ersten Hälfte des 11. Jahrhunderts. Diese Zeit stand noch stark unter dem Eindruck des Jahres 1000 und der Weissagungen, die mit diesem schicksalhaften Datum verbunden waren, selbst wenn es unter Berücksichtigung der kalendarischen Verzögerungen nicht die Präzision hatte, die heutzutage den Rhythmus der Zeit kennzeichnet.

Da dieser ›Tapfere unter den Tapferen‹ an der Eroberung von Jerusalem im Jahre 1099 teilnahm, lebte er zirka zwanzig Jahre in der Stadt Christi. Während dieser Zeit verfaßte er das Buch der Prophezeiungen.

## Der Prophet in Jerusalem

Das Manuskript von Sagorsk berichtet, daß sich Johannes von Jerusalem häufig in die Wüste zurückzog, um zu beten und zu meditieren.

›Er war dort, wo Himmel und Erde aufeinandertreffen‹, ist da zu lesen.

*Visionen in der Wüste*

Wahrscheinlich wird mit diesen Worten die Ekstase beschrieben, die die Eingeweihten erfahren, wenn sie sich, auf dem Boden liegend, im intensiven Licht der Nacht, wie es für die Wüste oder Berge typisch ist, durchdringen lassen von den Kräften der Sterne und der Erde. Sie werden Teil der Erdkruste, und der Boden überträgt seine machtvollen Strömungen auf sie. Sie tauchen in den Himmel ein, und die Sterne durchströmen sie mit ihren Strahlen. Sie sind wohl tatsächlich dort, wo »Himmel und Erde zusammentreffen«, als Vermittler, wie die Wesen mit den zwei Gesichtern, wie Janus: Himmel und Materie gleichermaßen zugewandt.

»Johannes von Jerusalem«, so steht da geschrieben, »kannte den Körper des Menschen, den der Erde und den des Himmels, er konnte den Pfaden folgen, die in diesen Welten zu den Geheimnissen führen.«

*Heiler und Astrologe*

Johannes von Jerusalem war, folgt man dem Manuskript, Arzt – oder Heiler – und gleichzeitig Astrologe – oder Astronom. Auch in dieser Hinsicht ist er ein Vorgänger von Nostradamus, der

Menschen heilte und die Gestirne beobachtete. Er reiht sich ein in die uralte Linie der großen Eingeweihten, der Weisen, der Wahrsager, die noch nicht ihren Geist aufgeteilt und ihre Sinne abgestumpft hatten, wie es die Menschen heute tun, um eine künstliche Trennung zwischen Intuition, Prophezeiung, Weissagung, Wissen und Erkenntnis herzustellen.

In Jerusalem konnte der Soldatenmönch, Eremit der Wüste, Grübler und Eingeweihte bei seinen Treffen mit jüdischen Rabbinern, muselmanischen Weisen und Eingeweihten Geheimnisse kennenlernen, die diese Meister untereinander weitergaben, voller Respekt vor der Überlieferung und in Kenntnis der Kunst der Weissagung. So konnte er die esoterische Philosophie der Griechen ebenso kennenlernen wie die jüdische Kabbala oder die Mysterien der Algebra und die Bedeutung der Ziffern.

*Mönch und Schriftgelehrter*

Er las die heiligen Bücher, und in den wiederkehrenden Zeiten der Einsamkeit in der Wüste trat er sicherlich in Kontakt mit den gnostischen Sekten, von denen einige im Kult der Heiligen Erkenntnis überlebt hatten. Sie existierten bereits vor Christus, dessen Ankunft sie übrigens verkündet und dessen Botschaft sie vorbereitet hatten.

So lebte und schrieb der Mönch Johannes, der Erforscher der geheimen Ordnung der Welt und der Zeit – und das ist bestimmt kein Zufall – in Jerusalem, einem der Orte, an dem die heiligen Strömungen zusammenfließen, die seit Urzeiten die Menschheit durchziehen.

*Das Zentrum des Universums*

Jerusalem ist nämlich einer der ursprünglichen und symbolischen Kerne des Universums. Dort fließen die spirituellen Kräfte zusammen, dort findet sich eine beeindruckende Ansammlung von Ruinen der großen Tempel, der Gräber der Eingeweihten, der Reliquien und der heiligen Texte mit starker Ausstrahlung.

Johannes konnte hier nicht einen Schritt tun, ohne die Spuren anderer Schritte zu entdecken, die sich vor ihm auf die Orte von Opfer und Qual, der Meditation und der Heiligtümer gerichtet hatten.

*Das geheime Wissen des Johannes von Jerusalem*

Unter dem Sternenfirmament des Orients, in diesem Schmelztiegel des Wissens, dieser Region, wo die Prophezeiungen und Gesetze dem Menschen überbracht wurden, öffneten sich Johannes von Jerusalem zukünftige Zeiten.

Er war ein Mittler und ein Sehender.

Sein Buch der Prophezeiungen ist sehr wohl ein Geheimprotokoll, von dem er Kenntnis erhielt, weil er sich den unterirdischen Kräften und den Rhythmen der Zeit geöffnet hatte.

Man versteht, daß all jene, die im Laufe der Jahrhunderte dieses Buch der Prophezeiungen gelesen oder auch nur berührt haben, eine Art heiligen Schrekken empfanden, so als ob sich vor ihnen ein Abgrund aufgetan hätte.

Und so verbargen sie es, gaben das Buch einfach weiter. Sie waren unfähig, es zu zerstören – dies wäre ein Sakrileg gewesen –, und schoben seine Bekanntmachung Jahrhundert um Jahrhundert hinaus. Die meisten von ihnen dachten – und manche schrieben es auch nieder –, daß das Geheimprotokoll, wenn der Moment gekommen sei, wie von selbst auftauchen werde.

Und genau das ist nun geschehen.

## 2. Kapitel

# Der verschlungene und mysteriöse Weg des Buches der Prophezeiungen

Mit größter Wahrscheinlichkeit hat Johannes von Jerusalem – als Eingeweihter und Inspirierter, dessen Feder geführt wurde von Zukunftsvisionen und der von seiner Intuition gelenkt wurde – das Buch der Prophezeiungen gegen Ende seines Aufenthaltes unter den Menschen in Jerusalem verfaßt, nicht lange vor seinem Tod.

*Johannes von Jerusalem hatte die Weisheit des Alters*

Als er mit den Kreuzrittern zusammen die Mauern der Heiligen Stadt erreichte, war er freilich ein alter Mann von über fünfzig Jahren – genau siebenundfünfzig, wenn man annimmt, daß er 1042 geboren wurde –, was im elften Jahrhundert außergewöhnlich war und ihm sicher bei den Rittern – die junge Männer waren – das Ansehen und die Autorität eines alten Meisters verschaffte.

## Ein weitgereister Meister

In den Texten der Mönche von Vézelay ist von ihm die Rede als einem der Oberen der Abtei. Johannes mußte sein Kloster im Laufe seines Lebens mehrere Male verlassen, um – die Spuren seiner Reise sind gesichert – nach Santiago de Compostella zu gehen. Manche sind sogar der Meinung, er sei bis Rom gekommen und habe einige Monate oder gar Jahre dort verbracht. Andere wiederum glauben, er habe in Byzanz gelebt, in jener ein wenig verrückten Pracht der Hauptstadt des Oströmischen Reiches, und sich von dort aus den Kreuzzügen angeschlossen.

*Von Byzanz nach Jerusalem*

Der Aufenthalt in Byzanz ist wahrscheinlich. Dort mag er mit seinen Studien begonnen haben, dort kann er beim Erlernen des Griechischen die Texte der antiken Philosophen und Schriftsteller kennengelernt haben. Hat er, wie häufig angenommen wird, das Reich durchquert und Mittelasien bereist? Er ist jedenfalls ein Mann, der allen Geheimnissen des Denkens und der Meditation gegenüber offen war, die mit den Kreuzrittern 1099 nach Jerusalem kamen.

Und doch wird er erst in der Heiligen Stadt zum großen Eingeweihten, zum Astrologen (wenn auch heute viele bei diesem Wort die Nase rümpfen). Er führt die Tradition der Propheten fort, er ist ein Mann, der in der Lage ist, Orakel zu verkünden, weil er mit den Mysterien der Weltordnung verbunden ist, ein Mann, der die Zukunft sehen und lesen kann.

*Das Vermächtnis des Templers*

In den Jahren 1117 bis 1119 schreibt er in Jerusalem das Buch der Prophezeiungen, in der Zeitspanne, in die auch die Gründung des Templerordens (1119) fällt, an der er beteiligt ist. Diese beiden Entwicklungen sind miteinander verknüpft.

Johannes von Jerusalem scheint sehr schnell gespürt – gesehen – zu haben, daß das Oströmische Reich nicht lange Bestand haben würde. Er schreibt: »Der Mann, der sich für den König hält, vergißt, daß der Wind des Sandes sich erheben wird, ihn blind machen und mit sich reißen wird und daß die höchsten und dicksten Mauern den Sandkörnern nicht widerstehen, wenn sie so zahlreich sind, und daß sie wie eine Düne wandern und dabei Steine und Ritter bedecken.«

*Bernhard von Clairvaux*

Die Gründung des Templerordens, dessen moralische und prophetische Leitfigur er sicherlich war, zielte darauf ab, dem ›Sand‹ die Stärke einer Glaubensarmee gegenüberzustellen. Ihren weißen Umhang hatten die Tempelritter von den Mönchen von Cîteaux übernommen, dem Mutterkloster der Zisterzienser, einem Orden, der im Burgund beheimatet war und aus dem auch Johannes von Jerusalem kam.

Es ist übrigens bekannt, daß Bernhard von Clairvaux, der Heilige Bernhard, der sein ganzes Engagement auf den Zisterzienserorden konzentrierte, auf dem Konzil von Troyes 1128 den Templerorden von sich aus unterstützte. Zu diesem Zeitpunkt ist Johannes von Jerusalem bereits seit einigen Jahrzehnten tot, und das Buch der Prophezeiungen ist nur wenigen Menschen bekannt.

## Die sieben Exemplare des Buches der Prophezeiungen

Man vermutet, daß Johannes von Jerusalem sein Manuskript sechsmal abgeschrieben hat – oder hat abschreiben lassen. Es müßten also sieben Exemplare des Buches der Prophezeiungen vorhanden sein (hier wieder der Bezug zur symbolischen Ziffer Sieben).

Drei Exemplare seines Textes vertraute er dem Großmeister des Templerordens an, und dieser versprach, sie an Bernhard von Clairvaux weiterzugeben.

Die anderen vier Exemplare behielt Johannes von Jerusalem, vermutlich um sie jenen Meistern der Erkenntnis zu überreichen, die ihm das Tor zu den Mysterien der Zukunft geöffnet hatten.

*Verschlungene Wege der Manuskripte*

Den Weg zu verfolgen, den diese sieben Exemplare des Buches der Prophezeiungen bis heute gegangen sind, bedeutet, die Geschichte der Welt in einem Zeitraum von fast 1000 Jahren zu erzählen. Man muß zudem eine ganze Reihe von Hypothesen aufstellen, da die Manuskripte von Johannes von Jerusalem manchmal jahrhundertelang verschwunden waren, bevor sie plötzlich an ganz anderen Orten und in ganz anderen Händen wieder auftauchten.

Wir wissen nicht, wie viele Exemplare es heute noch gibt – vielleicht drei –, wobei das Problem auch eher sekundär ist, da die Verbreitung des Buches der Prophezeiungen in Zukunft gesichert sein wird.

*Das Schicksal der einzelnen Exemplare*

Doch bevor ich erzähle, über welche Umwege der Text, der nun hier veröffentlicht vorliegt, zu uns kam, möchte ich den Weg der anderen Exemplare kurz anreißen, denn jedes von ihnen hat ein ganz außerordentliches und immer noch bedeutsames Schicksal.

Das Buch der Prophezeiungen ist kein beliebiges Manuskript. Jeder, der es im Laufe der Jahrhunderte in den Händen gehalten hat, spürte, daß es sich um einen dieser fundamentalen – also in gewisser Weise unantastbaren – Texte handelte, die das Schicksal der Menschen deuten und erleuchten, indem sie jenen, die bereit sind, es zu entschlüsseln, das kommende Jahrtausend verkünden. Genau hierin liegt die Freiheit des Menschen: Er ist frei, es nicht lesen zu wollen, er kann sich dafür entscheiden, blind zu bleiben, er muß das Geheimprotokoll nicht befragen, er darf sich dem Unbekannten ausliefern.

*Hugo von Payens*

Da der Großmeister des Templerordens, Hugo von Payens, über mehrere Jahre mit Johannes von Jerusalem in Kontakt stand, mußte ihm die Bedeutung der drei Exemplare klar sein, die er erhalten hatte.

Höchstwahrscheinlich erschien ihm diese Vision von einem dritten Jahrtausend seltsam, zu einer Zeit, da gerade einmal das zweite begann und man sich noch kaum von den Schrecken des ersten erholt hatte. Doch gleichzeitig mochte sie jemandem, der für den Glauben sein Leben gegeben hätte und ein christliches Reich um Christi Grabstätte herum errichtet hatte, aktuell erscheinen und Bezug zur nahen Zukunft haben. Was sind tausend Jahre für jemanden, der von der Ewigkeit durchdrungen ist?

Wir sind sicher, daß Hugo von Payens die drei Exemplare des Buches der Prophezeiungen schon in den zwanziger Jahren des elften Jahrhunderts an Bernhard von Clairvaux weitergegeben hat.

Dieser war mit dem gewissenhaften Aufbau des Zisterzienserordens beschäftigt, war gleichzeitig einer der Berater des Papstes und einer der großen Meister der Kirche, deren Streitigkeiten er durch die Macht seines Befehls beendete.

Ein ehemaliger Zisterziensermönch wurde im Jahre 1145 dank Bernhards Fürsprache sogar Papst: Eugen III. Diese Tatsache spricht für den enormen Einfluß, den Bernhard auf Kirchenangelegenheiten hatte.

*Das erste Manuskript – in den Archiven des Vatikans?*

Auf diese Weise kam eines der Exemplare des Buches der Prophezeiungen nach Rom. Und es gibt allen Grund anzunehmen, daß es sich noch immer in den Archiven des Vatikans befindet.

Kardinal Maggiori, einer der engsten Berater von Johannes Paul II., erklärte einmal, Seine Heiligkeit beziehe sich in seiner Vorstellung von der Zukunft auf Schriften aus der Überlieferung, er sehe mit Hilfe von Texten, die aus weit zurückliegenden Jahrhunderten stammten. Es gibt keinen Zweifel, daß er hier auf das Geheimprotokoll anspielt, das zu den Manuskripten gehört, die jedem neuen Pontifex nach seiner Wahl gezeigt werden – zumindest, wenn man den ›anonymen‹ Beteuerungen einiger hoher Würdenträger der Kirche Glauben schenken darf.

*Das zweite Manuskript – seit der Templer-Verfolgung verschollen*

Das zweite Exemplar des Buches wurde von Bernhard von Clairvaux in das Kloster von Vézelay gebracht, wo es mehrere Jahrzehnte lang aufbewahrt wurde. Es verschwand anschließend während der Verfolgung der Templer, die Philipp der Schöne angeordnet hatte.

»Bernhard der Große hat unserer Gemeinschaft von den Gedanken des Johannes von Jerusalem, unserem Sohn, berichtet«, ist in einer der Klosterchroniken zu lesen, die dem Aufruf Bernhards von Clairvaux zum Zweiten Kreuzzug geweiht ist. Zu diesem Zweck war er nach Vézelay gekommen. Daß er sich dafür ein Benediktinerkloster aussuchte, ist kein Zufall.

*Das dritte Manuskript – Beweisstück im Teufelsprozeß gegen den Templerorden*

Das dritte Exemplar geriet – der genaue Zeitpunkt ist nicht bekannt – in die Hände der Legisten, der Juristen des französischen Königshofes. Waren sie nach Bernhards Tod (1153 in Clairvaux) von einem Mönch aus Cîteaux dorthin gebracht worden? Es war jedenfalls – dessen sind wir uns sicher – eines der ›Beweisstücke‹, die während des von Philipp dem Schönen angestrengten Prozesses gegen den Templerorden vom Ankläger des Königs vorgelegt wurden.

*Jacques de Molay*

Nachdem 1307 der Großmeister des Ordens, Jacques de Molay, und sechzig Tempelritter festgenommen und ihr Besitz und ihre Manuskripte als belastende Beweismittel beschlagnahmt worden waren, wurde das Geheimprotokoll der Prophezeiungen (erst im 14. Jahrhundert taucht die Bezeichnung ›Geheimprotokoll‹ auf) als ›Diktat des Teufels‹ präsentiert, als Beweis dafür, daß die Templer mit den ›Kräften des Bösen‹ in Verbindung stünden.

Die Ankläger interessierte wenig, daß Johannes von Jerusalem vom dritten Jahrtausend spricht. Für sie beschreibt er die Zukunft wie eine ›Hölle‹, das heißt, er hat die Menschen dem ›Willen des Bösen‹ ausgeliefert. Zu allen anderen abscheulichen Verbrechen, derer man die Templer beschuldigte (Ritualmord, Sodomie, Häresie, Perversion, Korruption, etc.), kam dies: Sie sollen ›Soldaten des Teufels, Ritter des Bösen‹

*Hinrichtung von Jacques de Molay, Großmeister des Templerordens (Harlingue-Viollet)*

gewesen sein, und das Protokoll lieferte den Beweis für ihren dunklen Pakt.

*Besaß Nostradamus das dritte Manuskript des Buches der Prophezeiungen?*

Das Manuskript des Johannes von Jerusalem, das in die Hände des französischen Gerichtshofes geraten war, hatte somit fatalen Einfluß auf das Schicksal seines Ordens, den er mitbegründet hatte.

Doch es wird noch absonderlicher.

Der Arzt und Astrologe Michel von Nostradamus veröffentlichte um das Jahr 1550 herum – also über zwei Jahrhunderte später – seine Weissagungen, zwei Bände mit dem Titel ›Zenturium‹. Als er sie verfaßte, hatte er das Manuskript von Johannes von Jerusalem vorliegen. Die Verbindung zwischen Katharina von Medici und dem provençalischen Astrologen waren so eng (sie ernannte ihn zum Leibarzt von Charles IX.), daß sie ihm das Geheimprotokoll anvertraute. Nostradamus – das ist offensichtlich, wenn man die beiden Texte vergleicht – ließ sich davon für seine eigenen Weissagungen anregen.

Doch indem er dies tat, verletzte er ein Geheimnis, das noch nicht hätte aufgedeckt werden sollen. Die Kräfte, die er auf diese Weise entfesselte, richteten sich gegen ihn: Sein Sohn Michel Nostradamus der Jüngere wurde von der Masse gelyncht und anschließend verbrannt, nachdem er die kleine Stadt Pouzin (in der Nähe von Privas in den Cevennen) in Brand gesteckt hatte. Er hatte beweisen wollen, daß er recht hatte, als er ihre Zerstörung durch Feuer ankündigte.

Das Geheimprotokoll – das dritte Exemplar – verschwand mit Michel Nostradamus dem Jüngeren. Vielleicht landete es auf dem Scheiterhaufen, um das Feuer zu nähren, das den lügnerischen Sohn des frevelhaften Vaters verzehrte.

*Sieben Exemplare – sieben Originale?*

Übrig sind somit noch vier Exemplare, wobei unmöglich festzustellen ist, wo sich das Originalmanuskript befindet. Es läßt sich auch nicht von den Kopien unterscheiden, die von Johannes von Jerusalem selbst oder auf seine Weisung hin angefertigt wurden.

Es ist sogar wahrscheinlich, daß alle sieben Exemplare aus der Feder von Johannes von Jerusalem stammen. Bedauerlich, daß man die einzelnen Manuskripte nicht miteinander vergleichen kann, um eventuelle Abweichungen herauszufinden.

Vielleicht ist das Original eines der beiden Exemplare, die – von den vier übrig gebliebenen – nicht wiedergefunden wurden.

*Das vierte Manuskript – verwahrt in einem Bergkloster Tibets?*

Ein Exemplar hat Johannes von Jerusalem wohl einem Meister aus dem Orient übergeben, der sich im Verlauf einer Reise in Jerusalem aufhielt. Solche Studienreisen führten – seit der Antike – diese ›eingeweihten Weisen‹ von den Bergen des Tibet zu den Ufern des Ganges und von dort aus ans Mittelmeer. In der zweiten Hälfte ihres Lebens machten sie sich dann auf zu den reinen Höhen der Meditation und vollendeten ihre Bestimmung in Schweigen und Regungslosigkeit, entsagten der Unruhe der Welt und der Bewegung von Lebewesen und Dingen.

Auf diese Weise kam eines der Manuskripte von Johannes von Jerusalem nach Asien. Seine Reise ist jedoch nicht mehr nachvollziehbar, und über den Ausgang seines Schicksals läßt sich nichts mit Gewißheit sagen.

Und doch würde es der Ordnung der

Dinge entsprechen, wenn das Geheimprotokoll, das der gelehrten und divinatorischen Meditation Asiens viel verdankt, gemäß dem Gesetz, nach dem alles an seinen Ursprung zurückkehrt, einen Platz irgendwo auf einer Hochebene in einem dieser Klöster gefunden hätte, die wie große Schiffe zwischen Himmel und Erde segeln.

*Das fünfte Manuskript – verborgen hinter den Klostermauern von Athos?*

Vom zweiten verschwundenen Exemplar wissen wir, daß es einige Jahrzehnte lang in den Archiven von Byzanz lag. Lange vor dem Zerfall des Oströmischen Reiches, im Jahre 1453, wurde es, möglicherweise nach dem Willen des Johannes von Jerusalem selbst, einem griechischen Mönch übergeben, einem dieser Eremiten, die wie die Vögel hoch oben in Felsen ›nisten‹, an Orten, die nahezu unzugänglich und so etwas wie ein Beobachtungsposten des Glaubens sind, hoch über der wogenden Menschenmenge und dem Himmel nahe.

Liegt das Buch der Prophezeiungen noch immer in einer dieser Nischen zwischen Himmel und Erde auf dem Berg Athos? Sind noch andere Schriften des Johannes von Jerusalem, die wir noch nicht kennen, in denselben Archiven verborgen? Unmöglich, eine Antwort zu finden.

*Das sechste Manuskript – aus Byzanz gerettet, von den Bolschewiki zerstört*

Mit Hilfe des Manuskriptes von Sagorsk aus dem 14. Jahrhundert konnten wir – auch wenn die Informationen, die wir daraus entnehmen können, äußerst begrenzt sind – den Weg jedes einzelnen Manuskriptes von Johannes von Beginn an verfolgen. Es liefert auch einen Hinweis darauf, daß sich in Byzanz ein zweites Manuskript befand, das den Titel ›Geheimprotokoll der Prophezeiungen‹ trug. In einem jüngeren Text (16. Jahrhundert) erwähnen die Sagorsker Mönche, daß dieses wertvolle Manuskript nach dem Fall der Stadt bis nach Sagorsk gelangt sein kann.

»Auf die Insel von Sagorsk, in das Reich des gehüteten Glaubens, haben sich die Männer mit ihren Schriften gerettet, darunter das Geheimprotokoll, das davon berichtet, welches das Schicksal des Menschen sein wird, wenn das Jahrtausend beginnt, das nach dem Jahrtausend kommt ...«

Über den Verbleib des sechsten Exemplars von Johannes' Text nach

*Troize-Sergijewa Lawra, das Dreifaltigkeits-Sergij-Kloster in Sagorsk nahe Moskau, wo das Manuskript entdeckt wurde (Sammlung Viollet)*

dem Fall von Byzanz gibt es somit keinen Zweifel.

Und doch ist es verschwunden. Recherchen in den Archiven des Sagorsker Klosters brachten zwar die Texte zu Tage, in denen das Erscheinen des Geheimprotokolls kommentiert wird, ergaben jedoch keinerlei Hinweise auf das Manuskript selbst.

Alle diejenigen, die sich für diese Frage interessiert haben, sind der Meinung, daß das Manuskript im Jahre 1918 von den Bolschewiki beschlagnahmt und zerstört worden ist, zu einer Zeit, als in einer Atmosphäre des Bürgerkrieges die Verfolgungen begannen.

Es ist möglich, daß die Aktion auf das Geheimprotokoll direkt abzielte, denn Johannes von Jerusalem verkündet für das dritte Jahrtausend nicht den Triumph einer kommunistischen Gesellschaft nach bolschewistischem Modell. Lenin und sein Gefolge sahen indessen den Erfolg ihres Projektes schon für das 20. Jahrhundert voraus.

Das Geheimprotokoll konnte in ihren Augen also nur eine konterrevolutionäre Prophezeiung darstellen.

Jeder betrachtet Dinge, Ereignisse

und Menschen aus seinem eigenen Bezugssystem heraus. Das der Bolschewiki war die Revolution.

*Das siebte Manuskript – entdeckt in den Archiven des KGB*

Dennoch ist es den Nachfolgern Lenins zu verdanken, daß das Buch der Prophezeiungen heute veröffentlicht und gelesen werden kann.

Das siebte und letzte Exemplar des Buches von Johannes von Jerusalem befand sich nämlich in den Archiven des KGB, größtenteils aufbewahrt in der Lubjanka, dem berüchtigten Moskauer Gefängnis. Wir entdeckten das Geheimprotokoll von Johannes von Jerusalem im Zuge von Recherchen, bei denen wir religiöse Texte zu finden hofften. Der Name des Autors ist wahrscheinlich der Grund dafür, daß es zusammen mit Manuskripten der russisch-orthodoxen Kirche abgelegt wurde.

Doch dieses siebte Exemplar stammte nicht aus einem orthodoxen Kloster.

*Von den Sowjets im ›Führerbunker‹ der Nazis beschlagnahmt*

Der Weg des Manuskripts ist mit der pedantischen Akribie dokumentiert, die für die Geheimpolizei Stalins typisch war. Es gehörte zu einem Archiv, das in Berlin, in Hitlers Führerbunker, beschlagnahmt worden war. Dies erklärt auch die Herkunft einiger Zeilen in deutscher Sprache, mit denen das Manuskript des Johannes von Jerusalem versehen ist.

Es ist dort vermerkt, daß das Geheimprotokoll 1941 in Warschau in einer der Bibliotheken der jüdischen Gemeinde gefunden und dann nach Berlin gebracht wurde.

*Kannte Hitler das Buch der Prophezeiungen?*

Die SS, in deren Besitz es sich befand, wollte es zunächst zerstören, doch der ›Reichsführer SS‹ Heinrich Himmler höchstpersönlich entschied, daß es Experten für mittelalterliche Geschichte vorgelegt werden sollte. Er wußte darüber hinaus, welche Anziehungskraft jede Art von Esoterik und Prophezeiungen auf Hitler besaßen. Mit Sicherheit hat er die Übersetzung, die er anfertigen ließ, aufmerksam studiert, bevor er dem ›Führer‹ das Manuskript des Johannes von Jerusalem überreichte.

Hat Hitler von dem Geheimprotokoll Kenntnis genommen?

Haben die Visionen des Johannes von Jerusalem vom dritten Jahrtausend seine Entscheidungen beeinflußt? Betrachtete er sie als Herausforderung, hielt er sich für denjenigen, der in der Lage war, die Ordnung der Dinge zu zerstören und den Ablauf der Ereignisse umzukehren? Es ist nicht unmöglich, und wenn es der Fall war, hätte sich das Geheimprotokoll des Johannes von Jerusalem auf diese Weise indirekt auf den Lauf der Geschichte ausgewirkt.

Sicher ist lediglich, daß der ›Führer‹ dreimal einige seiner Getreuen um sich versammelte (darunter Albert Speer, den Architekten), um in endlosen Monologen die Zukunft und das dritte Jahrtausend zu beschwören: Wollte Hitler nicht ein ›tausendjähriges Reich‹ gründen? Dabei sprach er mit einer Art faszinierter Verachtung von dem Geheimprotokoll.

»Wir werden uns nicht lebend kriegen lassen, wenn wir besiegt werden«, pflegte er zu sagen, »wir werden die Welt mit uns in die Luft jagen, das war's dann mit dem dritten Jahrtausend.«

Er starb von eigener Hand, so wie er es gewollt hatte, doch die Welt besteht weiter, und das dritte Jahrtausend wird beginnen.

*Die Esoteriker des KGB*

Im Gegensatz zu Hitler kümmerte sich Stalin wenig um die Meinung von Astrologen oder Wahrsagern. Die unheimlichsten seiner Gefolgsleute (zum Beispiel sein Geheimdienstchef Berija) befragten Wahrsager und Seher, Hypnotiseure, doch Stalin blieb vor allem ein Realist und Zyniker, der es ablehnte, etwas anderes in Betracht zu ziehen als brutale Macht. Dabei vergaß er, daß der Mensch nicht vom Brot allein lebt und Reiche durch die Macht der Seelen zerstört werden können.

Man kann also annehmen, daß Stalin nach 1945 die Texte von Johannes von Jerusalem nicht zur Kenntnis genommen hat, während andere hochstehende Persönlichkeiten – darunter wieder einmal Berija – zumindest davon gewußt haben mußten, daß im Führerbunker ein seltsames und mysteriöses Manuskript aus dem frühen 12. Jahrhundert entdeckt worden war, das Prophezeiungen über das dritte Jahrtausend enthielt.

Als der Stalinismus tot war, haben sich die Ereignisse bekanntermaßen überschlagen, und die Mauern, hinter denen sich die kommunistischen Regime verschanzten, wurden eingerissen.

Doch Frieden hat sich nicht eingestellt. Das dritte Jahrtausend rückt näher, während das Ende des Jahrhunderts noch immer im dunkeln liegt und Kinder in wahnsinnigen Kriegen oder durch unmenschliche Entbehrungen sterben.

*Gegenwart und Zukunft*

Angst und Schrecken beherrschen die Gemüter genau wie vor der letzten Jahrtausendwende.

Wie wird das kommende Jahrtausend aussehen?

Wie wird der Mensch die Grenze überschreiten, die das Jahr 2000 darstellt? Wer kann das wissen?

Das Buch der Prophezeiungen von Johannes von Jerusalem gibt denen, die es lesen wollen und können, Antwort auf diese Fragen. Wir haben versucht, es mit Ereignissen aus dem heutigen Leben verständlicher zu machen.

Dieses Geheimprotokoll läßt dem Menschen seine Freiheit, doch es warnt ihn vor dem, was ihn erwartet. Es ist düster, was die nahe Zukunft angeht, doch es ist gleichzeitig strahlend, was die weitere Zukunft betrifft.

Wenn sich der Sturm unabwendbar erhebt, kann der Seemann immer noch die Segel einholen oder den Kurs wechseln.

Der Wind wird nicht aufhören zu blasen, nur weil der Mensch, der sich ihm entgegenstellt, blind ist.

## Zweiter Teil

# Das Buch der Prophezeiungen

# Vorbemerkung

Johannes von Jerusalem verwendet in seinen Texten die Sprache eines mittelalterlichen Mönches. Er zitiert häufig die Bibel. Die Wortwahl weist auf das Umfeld der Ritter hin, in dem er sich bewegte.

Wir haben versucht, Rhythmus und Charakter der Prophezeiungen zu bewahren.

Die Vision des Johannes von Jerusalem ist so deutlich, daß sie nicht mit Kommentaren versehen werden muß. Jeder wird sie verstehen und interpretieren können. Das ist die Freiheit jedes einzelnen Lesers. Eine Prophezeiung muß nicht die mathematische Strenge eines Theorems aufweisen. Sie erspürt und sieht mehr, als daß sie beweist und bekräftigt.

# Die Prophezeiungen

## 1

*Wenn das Jahrtausend beginnt, das nach dem Jahrtausend kommt*
*Wird Gold im Blute sein.*
*Wer den Himmel betrachtet, wird dort Taler zählen*
*Wer in den Tempel tritt, wird dort Händler treffen*
*Die Lehnsleute werden Geldwechsler und Wucherer sein*
*Das Schwert wird die Schlange verteidigen.*

*Aber das Feuer wird schwelen*
*Jede Stadt wird ein Sodom und Gomorrha sein*
*Und die Kinder der Kinder werden zu einer Glutwolke werden*
*Sie werden die alten Fahnen heben.*

## 2

*Wenn das Jahrtausend beginnt, das nach dem*
*Jahrtausend kommt*
*Wird der Mensch Himmel und Erde und Meere mit*
*seinen Geschöpfen bevölkert haben*
*Er wird befehlen*
*Er wird die Macht Gottes anstreben*
*Er wird keine Grenzen kennen.*

*Doch alles wird sich umkehren*
*Er wird schwanken wie ein betrunkener König*
*Er wird galoppieren wie ein blindes Pferd*
*Mit Sporen wird er sein Reittier in den Wald treiben*
*Und am Ende des Weges wird ein Abgrund sein.*

### 3

*Wenn das Jahrtausend beginnt, das nach dem*
*Jahrtausend kommt*
*Werden sich an allen Punkten der Erde babylonische*
*Türme errichten*
*Es wird Rom und es wird Byzanz sein*
*Die Felder werden sich leeren*
*Es wird kein Gesetz geben, nur das eigene und das*
*der eigenen Gruppe.*

*Doch die Barbaren werden in der Stadt sein*
*Es wird nicht mehr Brot genug für alle geben*
*Und die Spiele werden nicht mehr genügen*
*Und dann werden die Menschen ohne Morgen*
*die großen Feuer anzünden.*

## 4

*Wenn das Jahrtausend beginnt, das nach dem Jahrtausend kommt*
*Wird viele Menschen der Hunger treffen*
*Viele Hände werden blau vor Kälte sein*
*So daß diese Menschen eine andere Welt sehen wollen*
*Und die Händler der Illusionen werden kommen und Gift anbieten.*

*Doch es wird die Körper zerstören und die Seelen verderben*
*Und jene, die ihr Blut mit dem Gift vermischten*
*Werden wie wilde Tiere in der Falle sein*
*Und töten und vergewaltigen und erpressen und rauben*
*Und das Leben wird zu einer täglich wiederkehrenden Apokalypse werden.*

## 5

*Wenn das Jahrtausend beginnt, das nach dem Jahrtausend kommt*
*Wird jeder versuchen, soviel Genuß zu erreichen, wie er kann*
*Der Mann wird seine Frau so oft verstoßen, wie er sich verheiratet*
*Und die Frau wird durch hohle Gassen gehen und sich jeden nehmen, der ihr gefällt*
*Und Kinder gebären, ohne den Namen des Vaters zu nennen.*

*Doch kein Meister wird das Kind führen*
*Und jeder wird zwischen allen anderen allein sein*
*Die Tradition wird verloren sein*
*Das Gesetz wird vergessen sein*
*Als ob es die Verkündigung nie gegeben hätte und der Mensch wieder zum Wilden würde.*

**6**

*Wenn das Jahrtausend beginnt, das nach dem*
*Jahrtausend kommt*
*Wird der Vater seine Tochter zu seiner Lust nehmen*
*Der Mann den Mann, die Frau die Frau*
*Der Alte das Kind*
*Das wird vor aller Augen geschehen.*

*Doch das Blut wird unrein werden*
*Das Böse wird sich von Bett zu Bett ausbreiten*
*Der Körper wird alle Fäulnis der Erde aufnehmen*
*Die Gesichter werden gequält, die Glieder abgezehrt*
*sein*
*Die Liebe wird die größte Bedrohung für jene, die*
*sich nur noch über das Fleisch erkennen.*

## 7

*Wenn das Jahrtausend beginnt, das nach dem Jahrtausend kommt*
*Wird der, welcher von Schwur und Gesetz spricht*
*Nicht mehr gehört werden*
*Die Stimme dessen, der den Glauben an Christus predigt*
*wird in der Wüste verhallen.*

*Doch überall werden sich die mächtigen Wasser der treulosen Religionen verbreiten*
*Falsche Messiasse werden die blinden Menschen um sich versammeln*
*Und der Ungläubige wird Waffen tragen wie noch nie zuvor*
*Er wird von Gerechtigkeit und Recht sprechen, und sein Glaube wird glühend und scharf sein*
*Er wird sich rächen für den Kreuzzug.*

**8**

*Wenn das Jahrtausend beginnt, das nach dem Jahrtausend kommt*
*Wird das Dröhnen des Todes wie Donner über der Erde krachen*
*Die Barbaren werden sich mit den Soldaten der letzten Legionen vermischen*
*Die Gottlosen werden in den Herzen der Heiligen Städte wohnen*
*Einer nach dem anderen wird barbarisch, treulos und wild.*

*Es wird keine Ordnung und keine Regel mehr geben*
*Der Haß wird sich ausbreiten wie Feuer in einem trockenen Wald*
*Die Barbaren werden die Soldaten massakrieren*
*Die Gottlosen werden die Gläubigen erwürgen*
*Die Grausamkeit wird eines jeden und aller sein, und die Städte werden zugrunde gehen.*

## 9

*Wenn das Jahrtausend beginnt, das nach dem*
*Jahrtausend kommt*
*Werden die Menschen richten nach ihrem Blut und*
*ihrem Glauben*
*Niemand wird die leidenden Herzen der Kinder*
*hören*
*Sie werden wie junge Vögel aus dem Nest gestoßen*
*Und niemand wird sie beschützen vor der Hand mit*
*dem Panzerhandschuh.*

*Der Haß wird die Erde überfluten, die sich friedlich*
*glaubte*
*Niemand wird verschont werden, nicht die Alten,*
*nicht die Verletzten*
*Die Häuser werden zerstört und geplündert werden*
*Die einen werden an die Stelle der anderen treten*
*Alle werden die Augen verschließen, um die*
*vergewaltigten Frauen nicht zu sehen.*

## 10

*Wenn das Jahrtausend beginnt, das nach dem Jahrtausend kommt*
*Wird jeder wissen, was an allen Enden dieser Erde ist*
*Wird man Kinder sehen, deren Knochen die Haut durchstoßen*
*Und solche, deren Augen von Fliegen bedeckt sind*
*Und solche, die gejagt werden wie Ratten.*

*Doch der Mensch, der dies sieht, wird sein Gesicht abwenden*
*Denn er kümmert sich nur um sich selbst*
*Er wird ihnen eine Handvoll Korn als Almosen geben*
*Während er auf vollen Säcken schläft*
*Und was er mit der einen Hand gibt, wird er mit der anderen wieder nehmen.*

## 11

*Wenn das Jahrtausend beginnt, das nach dem Jahrtausend kommt*
*Wird der Mensch mit allem Handel treiben*
*Jedes Ding wird seinen Preis haben*
*Baum, Wasser und Tier*
*Nichts wird mehr wahrlich geschenkt sein, und alles wird verkauft werden.*

*Doch der Mensch wird dann nicht mehr sein als das Gewicht seines Fleisches*
*Sein Körper wird feilgeboten werden wie ein Pfund Fleisch*
*Sein Ohr und sein Herz wird man nehmen*
*Nichts wird mehr heilig sein, weder sein Leben noch seine Seele*
*Man wird sich um seine sterbliche Hülle und um sein Blut streiten, als wolle man Aas zerfetzen.*

## 12

*Wenn das Jahrtausend beginnt, das nach dem*
*Jahrtausend kommt*
*Wird der Mensch das Gesicht der Erde verändert*
*haben*
*Er wird sich für den Meister und Lehnsherrn der*
*Wälder und Herden halten*
*Er wird den Boden und den Himmel zerpflügt*
*Und seine Furchen durch die Flüsse und Meere*
*gezogen haben.*

*Doch die Erde wird nackt und unfruchtbar sein*
*Die Luft wird brennen und das Wasser übel riechen*
*Das Leben wird welken, denn der Mensch wird den*
*Reichtum der Welt ausgeschöpft haben*
*Und der Mensch wird einsam sein wie ein Wolf*
*In seinem Haß.*

## 13

*Wenn das Jahrtausend beginnt, das nach dem*
*Jahrtausend kommt*
*Wird auch das Kind verkauft werden*
*Manche werden sich seiner bedienen wie einer*
*Zielscheibe*
*Um Genuß zu finden an seiner jungen Haut*
*Andere werden es wie ein unterwürfiges Tier*
*behandeln.*

*Die unantastbare Schwäche des Kindes wird*
*vergessen sein*
*Und sein Geheimnis*
*Es wird wie ein Fohlen sein, das dressiert wird*
*Wie ein Lamm, das geschlachtet und ausgeblutet*
*wird*
*Und der Mensch wird nur noch die Grausamkeit*
*kennen.*

## 14

*Wenn das Jahrtausend beginnt, das nach dem*
*Jahrtausend kommt*
*Werden Blick und Geist des Menschen Gefangene*
*sein*
*Sie werden trunken sein und es nicht bemerken*
*Sie werden Bilder und Spiegelungen für die*
*Wahrheit der Welt halten*
*Man wird mit ihnen machen, was man mit einem*
*Schaf macht.*

*Dann werden die Raubtiere kommen*
*Raubvögel werden sie zu Herden zusammentreiben,*
*um sie leichter zum Abgrund drängen*
*Und einen gegen den anderen aufhetzen zu können*
*Man wird sie häuten, um ihre Wolle und ihre Haut*
*zu bekommen*
*Und wenn der Mensch überlebt, wird er seiner Seele*
*beraubt sein.*

## 15

*Wenn das Jahrtausend beginnt, das nach dem*
*Jahrtausend kommt*
*Werden die Lehnsherren ohne Glauben herrschen*
*Sie werden den unschuldigen und untätigen*
*Menschenmengen gebieten*
*Sie werden ihre Gesichter verbergen und ihre*
*Namen geheimhalten*
*Und ihre festen Burgen werden sich in den Wäldern*
*verlieren.*

*Doch sie werden über das Schicksal von allem und*
*jedem entscheiden*
*Niemand wird an den Versammlungen ihrer*
*Ordnung teilnehmen*
*Jeder wird in Wirklichkeit ein Leibeigener sein und*
*glauben, ein freier Mann und Ritter zu sein*
*Allein werden sich die aus den wilden Dörfern und*
*mit ketzerischem Glauben erheben*
*Doch sie werden zuerst besiegt und lebendig*
*verbrannt werden.*

## 16

*Wenn das Jahrtausend beginnt, das nach dem*
*Jahrtausend kommt*
*Werden die Menschen auf der Welt so zahlreich sein*
*Daß sie einem Ameisenhaufen gleichen, in den ein*
*Stock getrieben wird*
*Sie werden umherrennen, und der Tod wird sie mit*
*dem Absatz zermalmen*
*Wie verwirrte Insekten.*

*Große Bewegungen werden sie von einem Ort zum*
*nächsten treiben*
*Braune Haut wird sich mit weißer vermischen*
*Der christliche Glaube mit dem des Ungläubigen*
*Manche werden den versprochenen Frieden predigen*
*Doch allerorten werden verfeindete Stämme Krieg*
*führen.*

## 17

*Wenn das Jahrtausend beginnt, das nach dem*
*Jahrtausend kommt*
*Werden die Menschen alle Grenzen überschreiten*
*wollen*
*Die Mutter wird graue Haare haben wie eine Alte*
*Der Weg der Natur wird verlassen werden*
*Und die Familien werden wie Körner sein, die*
*verstreut wurden und die nichts mehr einen*
*kann.*

*Es wird also eine andere Welt sein*
*Wie ein durchgegangenes Pferd wird ein jeder*
*herumirren ohne Halt*
*Ohne Führung in alle Richtungen gehen*
*Unglück dem Reiter, der dieses Tier lenkt*
*Er wird keine Steigbügel haben und in den Graben*
*stürzen.*

## 18

*Wenn das Jahrtausend beginnt, das nach dem Jahrtausend kommt*
*Werden die Menschen sich nicht mehr dem Gesetz Gottes unterwerfen*
*Sie werden das Leben wie ein Reittier lenken wollen*
*Sie werden ihre Kinder im Leib ihrer Weiber wählen wollen*
*Und die töten, die sie nicht mögen.*

*Doch wer wird der Mensch sein, der sich so für Gott hält?*
*Die Mächtigen werden das beste Land und die schönsten Weiber an sich reißen*
*Die Armen und die Schwachen werden wie Vieh sein*
*Jede armselige Hütte wird ein Gefängnisturm sein*
*Die Angst wird sich wie Gift in jedes Herz fressen.*

## 19

*Wenn das Jahrtausend beginnt, das nach dem*
*Jahrtausend kommt*
*Wird es eine dunkle und geheime Ordnung geben*
*Ihr Gesetz wird der Haß sein und ihre Waffe das*
*Gift*
*Sie wird immer mehr Gold wollen und ihre*
*Herrschaft über die ganze Erde verbreiten*
*Und ihre Diener werden untereinander durch einen*
*Kuß des Blutes verbunden sein.*

*Die Gerechten und Schwachen werden ihren Regeln*
*gehorchen*
*Die Mächtigen werden ihr zu Diensten sein*
*Das einzige Gesetz wird das sein, welches sie im*
*Schatten diktiert*
*Sie wird das Gift bis in die Kirchen hinein*
*verkaufen*
*Und die Welt wandert mit dem Skorpion unter ihren*
*Sohlen.*

## 20

*Wenn das Jahrtausend beginnt, das nach dem Jahrtausend kommt*
*Werden viele Menschen mit verschränkten Armen dasitzen*
*Oder sie werden mit leeren Augen umhergehen, ohne zu wissen, wohin*
*Denn sie werden keine Schmiede mehr haben, wo sie das Eisen schmieden können*
*Und kein Feld mehr, das sie bestellen können.*

*Sie werden sein wie ein Samenkorn, das keine Wurzeln schlagen kann*
*Umherirrend und entblößt, gedemütigt und hoffnungslos*
*Die Jüngsten und die Ältesten oft ohne Heim*
*Es wird ihnen nur noch bleiben, für ihr Heil in den Krieg zu ziehen*
*Und sie werden zuerst sich selbst bekämpfen und ihr Leben hassen.*

## 21

*Wenn das Jahrtausend beginnt, das nach dem*
*Jahrtausend kommt*
*Werden die Krankheiten des Wassers, des Himmels*
*und der Erde*
*Den Menschen treffen und ihn bedrohen*
*Er wird das, was er zerstört hat, wiedererstehen*
*lassen, und das, was geblieben ist, bewahren*
*wollen*
*Er wird vor den Tagen Angst haben, die vor ihm*
*liegen.*

*Doch es wird zu spät sein*
*Die Wüste wird die Erde überziehen, und das*
*Wasser wird tiefer und tiefer werden*
*Es wird an bestimmten Tagen fließen und alles mit*
*sich reißen, wie eine Sintflut*
*Seinetwegen wird es für die Erde kein Morgen*
*geben*
*Und die Luft wird die Körper der Schwächsten*
*zerfressen.*

## 22

*Wenn das Jahrtausend beginnt, das nach dem Jahrtausend kommt*
*Wird die Erde an mehreren Stellen erbeben, und die Städte werden untergehen*
*Alles, was ohne den Rat der Weisen gebaut wurde*
*Wird bedroht und zerstört werden*
*Der Schlamm wird die Dörfer unter sich begraben, und der Boden wird sich unter den Palästen öffnen.*

*Der Mensch wird starrköpfig sein, denn er ist vom Stolz besessen*
*Er wird die Warnung nicht hören, die ihm die Erde immer wieder zuruft*
*Feuersbrünste werden die neuen Roms zerstören*
*Die Armen und die Barbaren werden trotz der Legionen die verlassenen Reichtümer plündern.*

## 23

*Wenn das Jahrtausend beginnt, das nach dem Jahrtausend kommt*
*Wird die Sonne die Erde verbrennen*
*Die Luft wird nicht mehr vor dem Feuer schützen*
*Sie wird nur noch ein löchriger Vorhang sein*
*Und das brennende Licht wird Haut und Augen verzehren.*

*Das Meer wird aufschäumen wie kochendes Wasser*
*Die Städte und Flüsse werden begraben werden*
*Ganze Kontinente werden verschwinden*
*Die Menschen werden sich auf Anhöhen flüchten*
*Und sie werden beginnen wiederaufzubauen und vergessen, was geschehen ist.*

## 24

*Wenn das Jahrtausend beginnt, das nach dem*
*Jahrtausend kommt*
*Werden die Menschen Trugbilder zum Leben*
*erwecken können*
*Die Sinne werden getäuscht werden, und sie meinen*
*zu berühren, was gar nicht ist*
*Sie werden Wege beschreiten, die nur die Augen*
*sehen können*
*Und der Traum wird so Wirklichkeit werden.*

*Doch der Mensch wird nicht mehr unterscheiden*
*können zwischen dem, was ist, und dem, was*
*nicht ist*
*Er wird sich in falschen Labyrinthen verlieren*
*Jene, welche die Trugbilder zum Leben erwecken*
*können*
*werden mit dem gutgläubigen Menschen ihr Spiel*
*treiben und ihn betrügen*
*Und viele Menschen werden zu unterwürfigen*
*Hunden.*

## 25

*Wenn das Jahrtausend beginnt, das nach dem*
*Jahrtausend kommt*
*Werden die Tiere, die Noah in seine Arche*
*aufgenommen hat*
*nicht mehr in den Händen des Menschen sein*
*Der die Tiere nach seinem Willen verändert hat*
*Und wer wird sich um ihr nicht enden wollendes*
*Leid kümmern?*

*Der Mensch wird jedes Lebewesen so gestalten, wie*
*es ihm gefällt*
*Und er wird unzählige davon getötet haben*
*Was wird aus dem Menschen werden, der die*
*Gesetze des Lebens verändert hat*
*Der aus dem lebenden Tier einen Lehmklumpen*
*machte*
*Wird er das Ebenbild Gottes oder das Kind des*
*Teufels sein?*

## 26

*Wenn das Jahrtausend beginnt, das nach dem Jahrtausend kommt*
*Muß man um das Kind des Menschen Angst haben*
*Gift und Hoffnungslosigkeit werden auf es lauern*
*Man wird es nur für sich wünschen und nicht um seinetwillen oder für das Leben*
*Es wird gehetzt werden, und manchmal wird man seinen Körper verkaufen.*

*Doch selbst jener, welcher von den Seinen beschützt wird*
*Wird bedroht sein, einen toten Geist zu haben*
*Er wird im Spiel und im Trugbild leben*
*Das ihn führen wird, denn er hat keinen Meister mehr*
*Niemand hat ihn gelehrt, zu hoffen und zu handeln.*

## 27

*Wenn das Jahrtausend beginnt, das nach dem Jahrtausend kommt*
*Wird sich der Mensch für Gott halten, obwohl er nicht mehr sein wird als bei seiner Geburt*
*Er wird immer zuschlagen, überwältigt von Wut und Eifersucht*
*Doch sein Arm wird stark sein durch die Macht, die er ergriffen hat*
*Als blinder Prometheus wird er alles um sich herum zerstören können.*

*Er wird in seiner Seele ein Zwerg bleiben und die Kräfte eines Riesen besitzen*
*Er wird mit Riesenschritten voranschreiten und nicht wissen, welchen Weg er nehmen soll*
*Sein Kopf wird schwer von Wissen sein*
*Doch er wird nicht wissen, warum er lebt und stirbt*
*Er wird wie seit jeher der Verrückte sein, der mit den Armen fuchtelt, oder das Kind, das wimmert.*

## 28

*Wenn das Jahrtausend beginnt, das nach dem*
*Jahrtausend kommt*
*Werden ganze Landstriche Kriegsbeute sein*
*Jenseits des römisches Limes und selbst auf dem*
*alten Reichsgebiet*
*Die Menschen derselben Städte werden sich*
*gegenseitig die Kehlen durchschneiden*
*Hier wird Krieg herrschen zwischen Stämmen und*
*dort zwischen Gläubigen.*

*Die Juden und die Kinder Allahs werden nicht*
*aufhören, sich zu bekriegen*
*Und die Erde Christi wird ihr Schlachtfeld sein*
*Doch die Ungläubigen werden überall die Reinheit*
*ihres Glaubens verteidigen wollen*
*Und es werden ihnen nur Zweifel und Macht*
*gegenüberstehen*
*Während der Tod überall voranschreitet wie die*
*Standarte der neuen Zeit.*

## 29

*Wenn das Jahrtausend beginnt, das nach dem*
*Jahrtausend kommt*
*Werden viele Menschen vom menschlichen Leben*
*ausgeschlossen sein*
*Sie werden keine Rechte, kein Dach und kein Brot*
*haben*
*Sie werden nackt sein und nur noch ihren Körper*
*haben zum Verkaufen*
*Man wird sie verstoßen weit weg von den Türmen*
*des Überflusses zu Babylon.*

*Sie werden bedrohlich knurren in Schuld*
*Sie werden ganze Landstriche besetzen und sich*
*vermehren*
*Sie werden die Weissagung von der Vergeltung*
*hören*
*Und sie werden die hochmütigen Türme stürmen*
*Die Zeiten der Invasion der Barbaren werden*
*gekommen sein.*

## 30

*Wenn das Jahrtausend beginnt, das nach dem Jahrtausend kommt*
*Wird der Mensch in ein undurchdringliches Labyrinth eingetreten sein*
*Er wird Angst haben und die Augen schließen, denn er wird nicht mehr sehen können*
*Er wird voller Argwohn sein und bei jedem Schritt Furcht empfinden*
*Doch er wird vorwärtsgetrieben, denn es wird ihm keine Rast gewährt werden.*

*Die Stimme der Kassandra aber wird laut und stark sein*
*Er wird sie nicht hören*
*Denn er will immer mehr besitzen, und sein Kopf wird sich in Trugbildern verlieren*
*Jene, die seine Meister sein werden, werden ihn betrügen*
*Und es wird nur mehr schlechte Hirten geben.*

## 31

*Wenn das Jahrtausend, das nach dem Jahrtausend kommt, zu Ende geht*
*Werden die Menschen endlich die Augen geöffnet haben*
*Sie werden nicht mehr in ihren Köpfen und ihren Städten gefangen sein*
*Sie werden von einem Ende der Erde zum anderen sehen und einander verstehen können*
*Sie werden wissen, daß, was den einen schlägt, den anderen verletzt.*

*Die Menschen werden einen einzigen großen Körper bilden*
*Von dem jeder von ihnen ein winziger Teil ist*
*Gemeinsam werden sie das Herz sein*
*Und es wird eine Sprache geben, die von allen gesprochen wird, und so wird es endlich geboren werden, das große Menschliche.*

## 32

*Wenn das Jahrtausend, das nach dem Jahrtausend*
*kommt, zu Ende geht*
*Wird der Mensch den Himmel erobert haben*
*Er wird Sterne schaffen im großen, dunklen blauen*
*Meer*
*Und er wird auf diesem glänzenden Schiff reisen*
*Als neuer Odysseus, Freund der Sonne, auf die*
*Himmlische Odyssee gehen.*

*Doch er wird auch der Herr des Wassers sein*
*Er wird große Wasserstädte bauen*
*Die sich von den Früchten des Meeres ernähren*
*Er wird so an allen Orten der großen Domäne*
*wohnen*
*Und nichts wird ihm verboten sein.*

## 33

*Wenn das Jahrtausend, das nach dem Jahrtausend kommt, zu Ende geht*
*Werden sich die Menschen unter Wasser bewegen können*
*Ihr Körper wird neu sein, und sie werden Fische sein*
*Und einige werden höher fliegen als Vögel*
*Als ob der Stein nicht zur Erde fiele.*

*Sie werden miteinander kommunizieren*
*Denn ihr Geist wird so offen sein, daß er alle Botschaften aufnehmen kann*
*Und Träume werden sie miteinander teilen*
*Und sie werden so lange leben wie der Älteste unter den Menschen*
*Jener, von dem die Heiligen Bücher sprechen.*

## 34

*Wenn das Jahrtausend, das nach dem Jahrtausend kommt, zu Ende geht*
*Wird der Mensch den Geist aller Dinge kennen*
*Den Stein oder das Wasser, den Körper des Tieres oder den Blick eines anderen*
*Er wird die Geheimnisse durchdringen, welche die alten Götter hüteten*
*Und er wird ein Tor nach dem anderen aufstoßen zu dem Labyrinth des neuen Lebens.*

*Er wird schaffen, kraftvoll und sprudelnd wie eine Quelle*
*Er wird alle Menschen das Wissen lehren*
*Und die Kinder werden die Erde und den Himmel besser kennen als irgend jemand vor ihnen*
*Und der menschliche Körper wird größer und gewandter sein*
*Und sein Geist wird alle Dinge umgeben und sie besitzen.*

## 35

*Wenn das Jahrtausend, das nach dem Jahrtausend kommt, zu Ende geht*
*Wird der Mann nicht mehr der einzige Herr sein, denn die Frau wird kommen, um das Zepter zu ergreifen*
*Sie wird die große Herrin zukünftiger Zeiten sein*
*Und was sie denkt, wird sie den Männern aufzwingen*
*Sie wird die Mutter dieses Jahrtausends sein, das nach dem Jahrtausend kommt.*

*Sie wird die milde Süße einer Mutter verströmen nach den Tagen des Teufels*
*Sie wird die Schönheit sein nach den häßlichen Zeiten der Barbarei*
*Das Jahrtausend, das nach dem Jahrtausend kommt, wird sich in eine leichte Zeit verwandeln*
*Es wird geliebt und geteilt und*
*geträumt, und Träume werden wahr gemacht werden.*

## 36

*Wenn das Jahrtausend, das nach dem Jahrtausend*
*kommt, zu Ende geht*
*Wird es für den Menschen eine zweite Geburt geben*
*Der Geist wird sich der Masse der Menschen*
*bemächtigen*
*Die eins sind in der Brüderlichkeit*
*Dann wird das Ende der Zeiten der Barbarei*
*verkündet.*

*Es wird die Zeit einer neuen Stärke im Glauben sein*
*Nach den schwarzen Tagen am Beginn des*
*Jahrtausends, das nach dem Jahrtausend kommt*
*Werden die glücklichen Tage beginnen*
*Der Mensch wird den Weg der Menschen*
*wiederfinden*
*Und die Erde wird ihre Ordnung wiederhaben.*

## 37

*Wenn das Jahrtausend, das nach dem Jahrtausend kommt, zu Ende geht*
*Werden Wege von einem Ende der Erde und des Himmels zum anderen führen*
*Die Wälder werden wieder dicht sein*
*Und die Wüsten werden bewässert werden*
*Die Wasser werden wieder rein sein.*

*Die Erde wird wie ein Garten sein*
*Der Mensch wird auf alles achten, was lebt*
*Er wird reinigen, was er beschmutzt hat*
*Er wird die gesamte Erde als seine Heimat ansehen*
*Und er wird mit Weisheit an das Morgen denken.*

**38**

*Wenn das Jahrtausend, das nach dem Jahrtausend kommt, zu Ende geht*
*Wird jeder sein wie ein gleichmäßiger Schritt*
*Man wird alles über die Welt und seinen Körper wissen*
*Krankheiten werden geheilt werden, bevor sie auftreten*
*Jeder wird sein eigener Heiler und der anderer sein.*

*Man wird verstanden haben, daß man helfen muß, um aufrechtzuerhalten*
*Und der Mensch wird nach den Zeiten der Verschlossenheit und des Geizes*
*sein Herz und seine Börse den Besitzlosen öffnen*
*Er wird sich als Hüter der menschlichen Ordnung verstehen*
*Und so wird endlich eine neue Zeit anbrechen.*

## 39

*Wenn das Jahrtausend, das nach dem Jahrtausend kommt, zu Ende geht*
*Wird der Mensch gelernt haben, zu geben und zu teilen*
*Die bitteren Tage der Einsamkeit werden vorbei sein*
*Er wird von neuem an den Geist glauben*
*Und die Barbaren werden von allen anerkannt werden.*

*Doch das wird nach den Kriegen und Feuersbrünsten geschehen*
*Es wird aus den verkohlten Trümmern der Türme von Babel erstehen*
*Und eine eiserne Faust wird nötig sein*
*damit Ordnung in das Chaos kommt*
*Und der Mensch den rechten Weg wiederfindet.*

## 40

*Wenn das Jahrtausend, das nach dem Jahrtausend kommt, zu Ende geht*
*Wird der Mensch wissen, daß alle Lebewesen Träger des Lichtes sind*
*Und daß sie Geschöpfe sind, die Respekt verlangen*
*Er wird neue Städte gründen*
*Im Himmel, auf der Erde und auf dem Meer.*

*Er wird sich erinnern an das, was einst war*
*Und er wird zu deuten wissen, was sein wird*
*Er wird keine Angst mehr haben vor seinem eigenen Tod*
*Denn er wird mehrere Leben in seinem Leben gelebt haben*
*Und er wird wissen, daß das Licht niemals erlöschen wird.*

Dritter Teil

# Der Prophet des dritten Jahrtausends

Obwohl die Prophezeiungen des Johannes von Jerusalem so klar und verständlich sind, erschien es uns angebracht, jeder Vision eine jener zahlreichen Tatsachen der heutigen Zeit zuzuordnen – der vermischten Meldungen der Gegenwart sozusagen –, die hinsichtlich der Prophezeiungen des Johannes von Jerusalem dem Geheimprotokoll seine Kraft verliehen. Der Beginn des dritten Jahrtausends steht so im Mittelpunkt der Betrachtung.

Die Prophezeiungen haben einen zusätzlichen Sinn: Sie beschreiben symbolisch, fast poetisch, auf jeden Fall aber ganz allgemein unser Leben: was wir unternehmen, was wir ertragen und was wir – blind und taub, wie wir sind – nicht mehr zeigen und benennen können.

Johannes von Jerusalem tut genau das.

Seine Prophezeiungen sind eine unerbittliche Anklageschrift, und einige von ihnen – die wir zusammengetragen haben – eine leuchtende Utopie.

# *Ich sehe, und ich weiß*

*Ich sehe, und ich weiß.*

*Meine Augen entdecken im Himmel, was sein wird, und ich durchmesse die Zeit mit einem Schritt.*

*Eine Hand führt mich an den Ort, den ihr nicht seht und von dem ihr nichts wißt.*

*Tausend Jahre werden vorbeigezogen sein, und Jerusalem wird nicht mehr die Stadt der Kreuzritter Christi sein. Der Sand wird die Mauern unserer Burgen, unsere Waffen und Gebeine unter seinen Körnern begraben haben. Er wird unsere Stimmen und unsere Gebete erstickt haben.*

*Die Christen, die als Pilger von weither kommen, dorthin, wo einst ihr Gesetz und ihr Glaube war, werden sich nicht mehr allein zum Grabe und zu den Reliquien wagen, nur noch in Begleitung jüdischer Ritter, die ihr Königreich und ihren Tempel hier haben, als ob Christus niemals am Kreuz gelitten hätte.*

*Es wird eine riesige Schar von Ungläubigen geben, die sich überall ausbreitet, und ihr Glaube wird wie der Schlag des Tamburins vom einen Ende der Welt zum anderen widerhallen*[1].

[1] Vision vom Staate Israel und der Macht des Islam im ausgehenden 20. Jahrhundert.

*Ich sehe die gewaltige Erde.*

*Kontinente, die Herodot in seinen Träumen nicht benennen konnte, werden dazukommen, jenseits der großen Wälder, von denen Tacitus sprach, und weit weg am Ende der grenzenlosen Meere, die hinter den Säulen des Herkules beginnen*[2].

*Tausend Jahre werden vergangen sein seit der Zeit, in der wir leben, und die Lehen werden sich überall zu großen Reichen und riesigen Imperien vereinigt haben.*

*Kriege, so zahlreich wie die Glieder der Kettenhemden, welche die Ordensritter tragen, werden einander überlagern und die Reiche und Imperien stürzen, um neue zu schaffen*[3].

*Und die Leibeigenen, die Bauern, die Armen ohne Feuer werden tausendmal den Aufstand geprobt, Ernten, Burgen und Städte angezündet haben, bis man ihnen bei lebendigem Leib die Haut abzieht und die Überlebenden zwingt, in ihre Schlupfwinkel zurückzukehren.*

*Sie werden wähnen, daß sie Könige seien*[4].

[2] Er kündigte die Entdeckung Amerikas an und erwähnte den Atlantik jenseits von Gibraltar.

[3] Mit einem Satz läßt Johannes von Jerusalem das zweite Jahrtausend hinter sich, die Errichtung der Nationen und die Kriege, die sie entzweiten.

[4] Die Demokratie?

*Tausend Jahre werden vergangen sein, und der Mensch wird die Tiefe der Meere und des Himmels erobert haben, und er wird wie ein Stern am Firmament sein.*

*Er wird die Kraft der Sonne gewonnen haben und sich für Gott halten und auf der gewaltigen Erde tausend babylonische Türme bauen.*[5]

*Er wird Mauern errichtet haben auf den Ruinen derer, welche die römischen Kaiser einst bauten, und sie werden ein weiteres Mal die Legionen von den Barbarenhorden trennen.*

*Jenseits der großen Wälder wird es ein Reich geben.*

*Wenn die Mauern zusammenbrechen, wird das Reich nur noch schlammiges Wasser sein.*

*Die Völker werden sich ein weiteres Mal vermischen*[6].

*Dann wird das Jahrtausend beginnen, das nach dem Jahrtausend kommt.*

*Ich sehe, und ich weiß, was sein wird.*

*Ich bin der Schreiber.*

[5] Die technischen Errungenschaften der Weltraumfahrt und der Kernenergie, wie auch zweifellos der Aufstieg der Städte.

[6] Vision vom Zusammenbruch des Sowjet-Reiches, der für Johannes von Jerusalem das Ende des zweiten Jahrtausends und den Beginn des dritten markiert, des ›undurchdringlichen Labyrinthes‹, dessen Wege von seinen Prophezeiungen erhellt werden.

*Wenn das Jahrtausend beginnt, das nach dem Jahrtausend kommt, wird der Mensch vor dem dunklen Eingang zu einem undurchdringlichen Labyrinth stehen.*

*Und in der Tiefe dieser Nacht, in die er eintreten wird, sehe ich die roten Augen des Minotaurus.*

*Hüte dich vor seiner grausamen Wut, du, der du in dem Jahrtausend lebst, das nach dem Jahrtausend kommt.*

# Wenn das Jahrtausend beginnt, das nach dem Jahrtausend kommt…

1

*Wenn das Jahrtausend beginnt, das nach dem*
*Jahrtausend kommt*
*Wird Gold im Blute sein.*
*Wer den Himmel betrachtet, wird dort Taler zählen*
*Wer in den Tempel tritt, wird dort Händler treffen*
*Die Lehnsleute werden Geldwechsler und Wucherer*
*sein*
*Das Schwert wird die Schlange verteidigen.*

*Aber das Feuer wird schwelen*
*Jede Stadt wird ein Sodom und Gomorrha sein*
*Und die Kinder der Kinder werden zu einer*
*Glutwolke werden*
*Sie werden die alten Fahnen heben.*

Dieser Mann wußte Bescheid. Tief im Inneren weiß man immer Bescheid, selbst wenn man die Stimme nicht hören will, welche die Wahrheit sagt.

Er wußte: Durch Blutkonserven besteht die Gefahr, daß Kranke angesteckt werden, daß vielleicht Hunderte von Menschen in den Tod geschickt werden.

Er wußte es, doch er erstickte die Worte, die manchmal in ihm hochkamen: Achtung, Alarm, Vorsichtsmaßnahmen, die es zu ergreifen galt, Warnungen, die auszusprechen waren.

Doch er versteckte sich hinter den Unsicherheiten der Wissenschaft, dem Zögern der Forscher.

Er drehte das Zünglein an der Waage in die Richtung, die ihm eine positive Entscheidung versprach.

Nichts unternehmen, abwarten.

Denn die finanzielle Rentabilität mußte gesichert sein.

Da waren ganze Warenlager voller Konserven, die noch verkauft werden konnten. Es mußte ein Patent angemeldet werden, damit enorme Summen eingestrichen werden konnten, Gewinnanteile, die der ausländischen Konkurrenz zufallen würden, wenn man nicht aufpaßte, denn die bot ihre Produkte bereits an.

Es galt also zu warten, unter verschiedenen Vorwänden, wobei es sich allein um Rechnungsführung, Einkünfte, Gewinne drehte – um klingende Münze.

Über sämtliche Stufen der Hierarchie, angefangen bei dem Mann, der Bescheid wußte und schwieg, bis zu jenen, die Verdacht schöpften, aber weiterhin so taten, als sei nichts geschehen, rechneten alle so: Einkünfte, Gewinne, Rentabilität, Geld und nochmals Geld.

Und Familien wurden zugrunde gerichtet. Kinder starben.

Einige spürten in dieser unerträglichen Situation die Wut in sich aufsteigen.

Sie beschmierten die Gesichter einiger Verantwortlicher mit Blut. Sie forderten eine Verurteilung. Sie schrien vor Haß und Verzweiflung.

In der Stadt, in der Welt, schwand das Vertrauen immer mehr, und aus der Gewalt des Geldes heraus, die alles bestimmt, entstand eine andere Gewalt.

Weil das Geld Krieg gegen die Menschen führt, weil das Geld das Blut vergiftet, führen wir Krieg.

So beginnt das Jahrtausend.

## 2

*Wenn das Jahrtausend beginnt, das nach dem*
*Jahrtausend kommt*
*Wird der Mensch Himmel und Erde und Meere mit*
*seinen Geschöpfen bevölkert haben*
*Er wird befehlen*
*Er wird die Macht Gottes anstreben*
*Er wird keine Grenzen kennen.*

*Doch alles wird sich umkehren*
*Er wird schwanken wie ein betrunkener König*
*Er wird galoppieren wie ein blindes Pferd*
*Mit Sporen wird er sein Reittier in den Wald treiben*
*Und am Ende des Weges wird ein Abgrund sein.*

Als er schweißgebadet mitten in der Nacht aufwachte, erinnerte sich der Forscher an seinen Alptraum. Er war so intensiv gewesen, daß ein Schmerz seine Brust zusammendrückte, sein Herz rasen ließ, ihm die Luft nahm. Ihm war der Schweiß ausgebrochen, und er war aufgewacht.

Ein Mann, so hatte er geträumt, klopft an die Tür. Der Forscher öffnet. Im Halbdunkel sieht er ein rundes Gesicht, ein weißes Hemd, schlenkernde Arme und an der Stelle der Augen zwei riesige Löcher, Eingänge zu einem endlosen Labyrinth. »Es ist Zeit abzurechnen«, sagt der Mann. Und der Forscher spürt, wie ein Gefühl der Beklemmung in ihm aufsteigt. »Du bist vorangekommen«, fährt der Mann fort, »beim Erforschen der Mechanismen des Lebens. Du kannst das Prinzip des Lebens von einem Körper auf den anderen übertragen. Eine unfruchtbare Frau wird Mutter. Ein Mann wird durch einen anderen ersetzt. Und nun willst du dich an den Embryo heranmachen, an die Geheimnisse der Gene, du willst und du kannst – so glaubst du – entscheiden, wer geboren werden soll und wie er sein soll. Du wirst auswählen, wirst sieben. Worin unterscheidest du dich von denen, die du Nazimörder nennst? Auch sie begannen Kinder in Reine und Unreine aufzuteilen, in solche, die lebenswert waren, und solche, die beseitigt werden sollten. Waren diese Nazis deine Vorläufer, die Vorboten deiner Taten?«

Der Forscher ist überwältigt und sagt: »Töte mich!« Dann war er aufgewacht.

Am folgenden Tag erfuhr er, daß in Italien eine schwarze Frau beschlossen hatte, ein weißes Kind zur Welt zu bringen. Ein Arzt hatte die dafür notwendigen Manipulationen operativ vorgenommen.

Der Forscher konnte den ganzen Tag nicht denken und arbeiten. Was hatte seine Forschung für einen Sinn? Wohin führte sie? In welche Hände würde sein Wissen fallen, die Technik der Selektion – denn genau das war es –, die er gerade perfektionierte?

Plötzlich kamen ihm die zwei Löcher in den Sinn,

die er anstelle von Augen in dem Gesicht des Besuchers in seinem Traum gesehen hatte. Er war sicher, daß es sich dabei um den Abgrund handelte, auf den die Menschheit, die ihre Grenzen längst nicht mehr kannte, zueilte.

Und von neuem wollte er sterben.

## 3

*Wenn das Jahrtausend beginnt, das nach dem*
*Jahrtausend kommt*
*Werden sich an allen Punkten der Erde babylonische*
*Türme errichten*
*Es wird Rom und es wird Byzanz sein*
*Die Felder werden sich leeren*
*Es wird kein Gesetz geben, nur das eigene und das*
*der eigenen Gruppe.*

*Doch die Barbaren werden in der Stadt sein*
*Es wird nicht mehr Brot genug für alle geben*
*Und die Spiele werden nicht mehr genügen*
*Und dann werden die Menschen ohne Morgen*
*die großen Feuer anzünden.*

Die Frau war zum Fenster getreten. Sie lebte in einem dieser Wohntürme, die im nördlichen Außenbezirk der großen Stadt aufragten. Wie in einem nie endenden Donner hörte sie die Autos auf der Autobahn vorbeifahren, dort hinter der Kurve, wo noch immer keine Schallschutzmauer gebaut worden war – wozu auch, kann Lärm denn eingesperrt werden? –, obwohl das bereits vor über zehn Jahren versprochen worden war.

Auf dem Parkplatz sah sie eine Bande von Jugendlichen, die wie eine aufschäumende Welle in alle Richtungen losrannten, dabei Autos mit Fußtritten traktierten, herumbrüllten und Steine gegen die Gebäude warfen. Aus Angst, gesehen zu werden, zog sie sich etwas zurück. Doch sie blieb am Fenster stehen und beobachtete weiter. Sie kannte diese jungen Leute um die Zwanzig, die vom späten Vormittag bis mitten in die Nacht hinein beschäftigungslos und voller Aggressionen im Viertel herumzogen, in dieser Wohnburg aus vier Türmen, die wie Säulen in einem Universum aus Beton aufragten, zwischen den Gebäuden, über den vom Regen rissig gewordenen Steinboden und an den vereinzelten Autostellplätzen vorbei.

Sie brüllten: »Vergeltung, Rache, wir werden sie kaltmachen!« Inzwischen schlitzten sie Autoreifen auf, warfen die Scheiben ein. Am Nachmittag hatte es im Supermarkt einen versuchten Raub gegeben. Sicherheitskräfte hatten brutal eingegriffen, und einer der Räuber, ein junger Mann aus dem Viertel, war verletzt worden. Es hieß, er sei auf der Fahrt ins Krankenhaus gestorben.

Alle gingen nach Hause. Der Steinboden und die Stellplätze wurden den Banden überlassen. Und die brüllten, begannen die Türen zu demolieren und versuchten, Autos in Brand zu stecken. Plötzlich hörte die Frau von der Autobahn her das Pfeifen von Sirenen. Wenig später hielten Polizeiwagen am Rande der Steinplatte und der Stellplätze. Männer mit

Schutzhelmen sprangen aus den Lastwagen. Das Gebrüll verstärkte sich.

Schüsse fielen.

Erst drei Tage später wurde die Frau gefunden. Ihr Kopf war von einer Kugel getroffen, sie lag in einer Lache aus Blut.

Sie hatte allein gelebt. Es war, wie man sagt, eine verirrte Kugel.

## 4

*Wenn das Jahrtausend beginnt, das nach dem Jahrtausend kommt*
*Wird viele Menschen der Hunger treffen*
*Viele Hände werden blau vor Kälte sein*
*So daß diese Menschen eine andere Welt sehen wollen*
*Und die Händler der Illusionen werden kommen und Gift anbieten.*

*Doch es wird die Körper zerstören und die Seelen verderben*
*Und jene, die ihr Blut mit dem Gift vermischten*
*Werden wie wilde Tiere in der Falle sein*
*Und töten und vergewaltigen und erpressen und rauben*
*Und das Leben wird zu einer täglich wiederkehrenden Apokalypse werden.*

Die Eltern glaubten ihre Tochter zu kennen. Sie hatte diese Begeisterung in sich, zuweilen unterbrochen von einem für Jugendliche typischen Anfall der Melancholie. Sie war, wie ihr Vater sagte, »sein ewig kleines Mädchen«. In solchen Momenten schmiegte sie sich an seinen Hals. Ihre Mutter hielt sie für ein wenig verträumt. Nachdenklich, berichtigte der

Vater. Ihre Leistungen in der Schule waren gut. In welchem Augenblick begannen Vater und Mutter zu spüren, daß sie voller Angst war? Sie suchte Arbeit. Sie hatte ihren Abschluß gemacht. Eine ganz banale Geschichte: Wie viele junge Leute rennen mit ihrem Diplom in der Tasche von Personalbüro zu Personalbüro, um sich, wenn es sein muß, auch unter Preis zu verkaufen? Ihre Eltern beobachteten, wie sie sich in sich selbst zurückzog, mit halb geschlossenen Augen. Sie ging oft aus. Wohin ging sie? Manchmal, wenn ihre Mutter sie danach fragte, antwortete sie mit einer Heftigkeit, mit einer Art Wut, die man bis dahin an ihr überhaupt nicht gekannt hatte. Sie schrie, schien bereit, mit Gegenständen um sich zu werfen, knallte die Tür zu. Nach solch einem heftigen Ausbruch schien sie in ihre schweigsame Melancholie zurückzufallen, zusammengekauert, gebeugt, eingerollt, vor sich hindämmernd in ihrem Zimmer.

Der Zustand der Arbeitslosigkeit und Verwirrung währte einige Monate. Eines Tages stellte ihr Vater fest, daß Geld aus dem Buch verschwunden war, in dem er es versteckt hatte. Drei von den sechs Geldscheinen, die er dort deponiert hatte. Wo waren sie geblieben? Seine Frau fragte sich: War er sicher?

Ihre Tochter schwieg, sie war so abwesend, so weit weg, daß ihr Vater plötzlich, ohne auch nur darüber nachzudenken, ihr die Schuld gab. Hatte sie verstanden? Sie wirkte verloren, in sich selbst verschlossen.

Der Vater schüttelte sie. Sie war es doch gewesen,

oder?! Die Mutter ging dazwischen und drängte ihre Tochter in ihr Zimmer. Sie nahm sie in die Arme, hielt sie fest. »Ich mußte es tun, ich mußte es tun«, wiederholte das junge Mädchen. »Sonst sterbe ich, verstehst du!« schrie sie, plötzlich am ganzen Körper zitternd.

Sie war nur eine Jugendliche von vielen in dieser Zeit, in der Millionen von der Droge vergiftet wurden. Es war nur eine Familie von vielen, die zerbrach, die dieses tägliche Leid zu ertragen hatte.

Wenn nicht ein Wunder geschähe, würden sie bis zum bitteren Ende durchhalten.

Wer trägt die Schuld, wer ist Opfer?

So waren die Zeiten am Ende des Jahrtausends.

## 5

*Wenn das Jahrtausend beginnt, das nach dem Jahrtausend kommt*
*Wird jeder versuchen, soviel Genuß zu erreichen, wie er kann*
*Der Mann wird seine Frau so oft verstoßen, wie er sich verheiratet*
*Und die Frau wird durch hohle Gassen gehen und sich jeden nehmen, der ihr gefällt*
*Und Kinder gebären, ohne den Namen des Vaters zu nennen.*

*Doch kein Meister wird das Kind führen*
*Und jeder wird zwischen allen anderen allein sein*
*Die Tradition wird verloren sein*
*Das Gesetz wird vergessen sein*
*Als ob es die Verkündigung nie gegeben hätte und der Mensch wieder zum Wilden würde.*

Die Frau war 45 und ihr Ehemann in den Fünfzigern. Sie hatten ein etwa fünfzehnjähriges Kind. Sie waren das, was man ein modernes, ein offenes Paar nennt. Sie hatte ein Kind von einem anderen Mann, einen dreiundzwanzigjährigen Sohn. Warum hatten sie noch einmal geheiratet, einer den anderen? Nach zwölf Jahren, die sie zusammen verbracht hatten, wußten sie es nicht mehr.

Seit einigen Jahren hatten sie sich ihr Leben eingerichtet wie intelligente Leute, die sie zu sein glaubten.

Sie arbeitete halbtags in einer Werbeagentur. An guten Tagen sah sie aus wie eine knapp Dreißigjährige. Man durfte nicht so genau hinsehen, doch sie hielt die Illusion aufrecht: schlanker Körper (regelmäßige Thalassotherapien), weiches Haar, gebräunte Haut. Sie war verführerisch. Sie hatte Liebhaber, junge Männer, die schnell wechselten, und einen etwas dauerhafteren Freund: einen etwa dreißigjährigen Musiklehrer. Er, Leiter einer Immobiliengesellschaft, bevorzugte, wie er sagte, junge, sehr junge Frauen. »Je älter ich werde, desto mehr liebe ich Frischfleisch.« Er lachte. Er erklärte, daß sich der Viehbestand – so sein Ausdruck – ständig erneuere. So viele junge Frauen seien auf dem ›Markt‹ (auch ein Wort, das er benutzte), daß es genüge, zu wollen und auszuwählen. Er bezahle noch nicht einmal, erläuterte er. Dafür sei er noch zu jung. In Wirklichkeit gebe er ja etwas. Sie seien also an ihn gebunden. Seine Wochenenden opfere er nie. Die seien, so erklärte er, für seine kleine Familie reserviert. Und seine Frau handele ebenso, ohne daß man jemals irgend etwas erklären müsse.

In Gesellschaft verhielten sie sich, wie es sich gehörte.

Alles lief gut. Körperlich in Form. Wohlhabend. Ein Landhaus in der Nähe von Fontainebleau.

Und Spaß. Denn der Musiklehrer hatte trotz seiner dreißig Jahre das Engelsgesicht eines Pagen mit lockigen Haaren. Und die jungen Frauen des Herrn hatten zarte und glatte Körper.

Wer wird jemals herausfinden, warum der Sohn dieses Musterpaares ausriß?

Bis jetzt ist er noch nicht gefunden worden.

## 6

*Wenn das Jahrtausend beginnt, das nach dem*
*Jahrtausend kommt*
*Wird der Vater seine Tochter zu seiner Lust nehmen*
*Der Mann den Mann, die Frau die Frau*
*Der Alte das Kind*
*Das wird vor aller Augen geschehen.*

*Doch das Blut wird unrein werden*
*Das Böse wird sich von Bett zu Bett ausbreiten*
*Der Körper wird alle Fäulnis der Erde aufnehmen*
*Die Gesichter werden gequält, die Glieder abgezehrt*
*sein*
*Die Liebe wird die größte Bedrohung für jene, die*
*sich nur noch über das Fleisch erkennen.*

Der Untersuchungsbeamte hatte das erste Mädchen vernommen. Sie war 14, hatte Sommersprossen, ein pausbackiges Gesicht und war von rundlicher Gestalt. Sie hatte noch nicht einmal geweint, sie schmollte vielmehr, verzog das Gesicht dabei und sprach langsam. Sie redete in dem schleppenden Dialekt der Gegend. Ihr Vater, sagte sie, tue das mit ihr – fast jeden Tag, seit er nicht mehr arbeite und den ganzen Tag allein zu Hause sei. Ihre Mutter arbeite im Krankenhaus als Putzfrau.

Sie habe es nicht gewollt, sagte sie. Mit ihrer Mutter habe sie nicht darüber gesprochen, weil sie Angst hatte, daß ihr Vater sie beide umbringen würde. So etwas sei schon geschehen, sie habe davon in der Zeitung gelesen, und im Fernsehen sei darüber geredet worden.

Er machte es, und sie sah dabei fern. Auf diese Weise achtete sie fast gar nicht darauf. Der Untersuchungsbeamte verspürte den Drang, sich zu übergeben.

Der Mann war festgenommen worden, er fuchtelte mit den Armen und behauptete, das seien alles Lügereien. Er setzte hinzu, sie seien doch alle Schlampen.

Anschließend befragte der Untersuchungsbeamte Sozialarbeiter, die sich um dieses Viertel kümmerten. Sie schienen bedrückt. Inzest? Das passiere oft. Im Durchschnitt – sie verständigten sich mit einem Blick – gebe es einen Fall pro Hochhaus. So sei es nun mal.

Der Untersuchungsbeamte ging nach Hause. Er blätterte die Zeitungen durch. Auf den Kulturseiten der Tageszeitung war die Rede von Touristen, die einmal im Jahr nach Asien fuhren, weil sich dort Kinder verkauften – sieben Jahre sei ein gutes Alter. Sie würden die Kinder nicht zwingen. Diese hätten Spaß dabei, das gehöre zur dortigen Kultur. Es sei, so fügten einige der Befragten hinzu, eine weiterentwickelte Form der Kultur, eine Kultur der freien Sitten.

Europa müsse sich entwickeln. Dem Journalisten

zufolge sollte es das Recht auf Sexualität geben. Auf der ersten Seite derselben Tageszeitung, am selben Tag, wurde das beunruhigende Fortschreiten der Aids-Epidemie angekündigt.

Wie soll die Verbreitung des Virus bekämpft werden? fragte sich der Leitartikler. Der Untersuchungsbeamte schloß die Augen.

Was war das nur für eine Zeit, in der er lebte.

## 7

*Wenn das Jahrtausend beginnt, das nach dem Jahrtausend kommt*
*Wird der, welcher von Schwur und Gesetz spricht*
*Nicht mehr gehört werden*
*Die Stimme dessen, der den Glauben an Christus predigt*
*wird in der Wüste verhallen.*

*Doch überall werden sich die mächtigen Wasser der treulosen Religionen verbreiten*
*Falsche Messiasse werden die blinden Menschen um sich versammeln*
*Und der Ungläubige wird Waffen tragen wie noch nie zuvor*
*Er wird von Gerechtigkeit und Recht sprechen, und sein Glaube wird glühend und scharf sein*
*Er wird sich rächen für den Kreuzzug.*

---

Fast zufällig betrat der junge Mann die Kirche. Das Portal stand offen. Der Altar am Ende des Kirchenschiffes war von einem Sonnenstrahl beleuchtet, und das Gold des großen Kruzifixes, das mitten auf dem Tisch stand, glänzte.

Er wurde von der kargen Größe der Kirche ganz in Bann geschlagen. Die Säulen hätte er mit seinen

Armen nicht umfassen können. Das Gewölbe war so hoch, daß es sich im Dunkel verlor. Er versuchte, sich das Kirchenschiff und den Kapellenkranz voll mit Gläubigen vorzustellen, so wie vor Jahrhunderten, als die westliche Welt von einem Teppich neuer Kirchen überzogen war.

Doch er hatte Schwierigkeiten, die Szenerie vor seinem geistigen Auge erstehen zu lassen: den mystischen Eifer des Ortes, die Gesänge, das Gemurmel der Gebete, Bänke voll junger und starker Männer und Frauen, die sich verneigen und auf die Knie niederlassen, die Reihen von Menschen, die anstehen, um Kommunion und Segen zu erhalten.

Die Kirche, durch die der junge Mann ging, war leer. In der ersten Bank rechts saßen zwei alte Frauen in Schwarz, ganz hinten im Halbdunkel kniete ein magerer Mann.

Leer.

Er fror. Er ging wieder hinaus, blieb oben an den Stufen der Säulenhalle stehen. Er erblickte eine Gruppe von etwa einem Dutzend junger Leute, die die Straße heraufkamen. Ihre Köpfe waren rasiert, ihre Körper in safranfarbene Tücher gehüllt. Sie hatten nackte Füße in Sandalen, sie psalmodierten, schlugen Zimbeln und Tamburine.

Sie kamen an der Kirche vorbei, wiegten ihre Körper hin und her, ihre Augen waren starr, und ein seliges Lächeln erhellte ihre puppenhaften Gesichter.

Als er später wieder zu Hause war, sah der junge

Mann in den Fernsehnachrichten Bilder von Tausenden gebeugter Rücken in den Straßen einer Stadt. Ein Vorbeter mit einem Turban auf dem Kopf und einem Bart, der sein Gesicht verbarg, verkündete seine Lehre. Da fiel dem jungen Mann die leere Kirche ein.

Eine Religion, seine eigene Religion oder doch die des Landes, in dem er geboren war, hatte sich entvölkert, geleert wie die Kirche, die er besucht hatte.

Sie war nicht von antireligiösen Ideen oder vom Fortschritt der Wissenschaft abgelöst worden.

Da war nichts als Leere. Andere Religionen waren an ihre Stelle getreten.

Der junge Mann hatte das Gefühl, daß ihm etwas entrissen wurde, das ihm gehört hatte. Er hatte einen Teil von sich selbst verloren.

## 8

*Wenn das Jahrtausend beginnt, das nach dem*
*Jahrtausend kommt*
*Wird das Dröhnen des Todes wie Donner über der*
*Erde krachen*
*Die Barbaren werden sich mit den Soldaten der*
*letzten Legionen vermischen*
*Die Gottlosen werden in den Herzen der Heiligen*
*Städte wohnen*
*Einer nach dem anderen wird barbarisch, treulos*
*und wild.*

*Es wird keine Ordnung und keine Regel mehr*
*geben*
*Der Haß wird sich ausbreiten wie Feuer in einem*
*trockenen Wald*
*Die Barbaren werden die Soldaten massakrieren*
*Die Gottlosen werden die Gläubigen erwürgen*
*Die Grausamkeit wird eines jeden und aller sein,*
*und die Städte werden zugrunde gehen.*

Sie spielten auf dem schneebedeckten Hang am Rande der Stadt. Die eine hieß Zlata, sie war sieben Jahre alt. Der andere, dessen Haar pechschwarz und dessen Haut dunkel war, hörte auf den Vornamen Ali. Der dritte, ein pausbäckiger Knirps mit roten

Haaren und lauter Stimme, der lebhafteste und fröhlichste der drei, hieß Merciar.

Sie spielten. Der Schnee war dick und weich, und die Sonne schien. Sie rutschten bäuchlings bergab, die Kälte war ihnen egal. In der Ferne war das Donnern von Detonationen zu hören.

Sie hätten ebensogut Myriam, Georg und Wladimir heißen können. Sie hätten an einem Strand entlanglaufen oder in einer hügeligen Landschaft über Gräben springen können. Sie waren Söhne und Töchter von Eltern, die Moslems, Juden oder Christen sein konnten – orthodoxe, katholische oder maronitische Christen. Weder die Religion noch die Gegend spielt hier eine Rolle. Sie spielten, wie Kinder spielen. Sie spielten mit der fröhlichen Unbekümmertheit von Kindern, die sich zu lange hatten verstecken müssen und die ganz plötzlich ausgerissen waren, weil sich in ihnen das Leben und ihre Jugend mit aller Macht Bahn brachen und sie hinaustrieben in die Sonne.

Um sie herum war Krieg.

Ein Krieg voller Haß, ohne Regeln. Einer dieser Bürgerkriege, in denen man Menschen tötet, wie man Bäume fällt. Obwohl sie um sich herum ihre Spielkameraden, ihre Eltern hatten sterben sehen, glaubten diese Kinder nicht an ihren eigenen Tod. Sie waren Kinder, und die Sonne schien. Aus den Fenstern ihrer halb zerstörten Häuser beobachteten ihre Eltern sie und riefen ihnen hin und wieder zu, sie sollten zurückkommen.

Sie sollten den Teufel nicht länger herausfordern.

Wer aber war der Teufel? Ein Moslem? Ein Jude? Ein Christ, ein orthodoxer, katholischer oder maronitischer? Das kam auf den Ort und den Standpunkt an. Aber welches Kind kümmert sich beim Spielen schon um den Teufel?

Der Teufel aber nimmt Menschengestalt an.

In der Ferne, aus anderen Fenstern, beobachteten Männer – kann man von ›Männern‹, von Menschen sprechen? – die Kinder durch Feldstecher.

Einer der Männer gab ein Zeichen, einen Befehl. Kurz darauf lagen auf dem schneebedeckten Hang drei bewegungslose Körper, und der Schnee färbte sich rot.

## 9

*Wenn das Jahrtausend beginnt, das nach dem Jahrtausend kommt*
*Werden die Menschen richten nach ihrem Blut und ihrem Glauben*
*Niemand wird die leidenden Herzen der Kinder hören*
*Sie werden wie junge Vögel aus dem Nest gestoßen*
*Und niemand wird sie beschützen vor der Hand mit dem Panzerhandschuh.*

*Der Haß wird die Erde überfluten, die sich friedlich glaubte*
*Niemand wird verschont werden, nicht die Alten, nicht die Verletzten*
*Die Häuser werden zerstört und geplündert werden*
*Die einen werden an die Stelle der anderen treten*
*Alle werden die Augen verschließen, um die vergewaltigten Frauen nicht zu sehen.*

Das Dorf war von Wäldern und Bergen umgeben. Alle Häuser waren aus Holz gebaut, und jedes hatte einen Gemüsegarten.

Die Fenster schmückten kleine, mit Blumen gefüllte Körbchen. Die alten Frauen saßen auf der Veranda und putzten das Gemüse, während ihre Töchter oder Schwiegertöchter die Wäsche auf Leinen hängten, die zwischen den Bäumen gespannt waren. Alle Frauen trugen Brusttücher. Karren voll Heu fuhren vorbei. Hundegebell war zu hören. Es herrschte Frieden. Von einem Haus zum anderen sprachen die Frauen miteinander, und die Kinder kletterten über die Zäune, um die Nachbarn zu besuchen.

Wer waren sie? Zu welchem Gott beteten sie? Wen kümmerte das? Die einen gingen in die Kirche, deren Zwiebelturm in der Sonne leuchtete. Die anderen besuchten die Moschee, deren Minarett über den Baumwipfeln zu erkennen war.

Jahrzehntelang verlief das Leben so.

Eines Nachts wurde das Dorf von Lärm und Knattern geweckt, Motoren und Kettenfahrzeuge ließen die Erde erbeben. Als die Männer am Morgen aus den Häusern traten, erblickten sie die Panzer, die an den beiden Ortsausgängen Stellung bezogen hatten.

Männer im Tarnanzug, das schwarze Barett tief ins Gesicht gezogen, patrouillierten und begannen, in die Häuser einzudringen.

Rauch stieg auf. Es war das erste Haus, das in Flammen aufging.

Frauen schrien.

Bauern zogen vorbei, ihre Hände auf dem Kopf, Soldaten trieben sie mit Kolbenhieben weiter. Sie gingen in Richtung des Waldes. Einige Minuten später ertönte das Donnern von Maschinengewehren.

Wieder schrien Frauen. Einige von ihren rannten umher, mit entblößter Brust, wirren Haaren, hochgerissenen Armen, die Gesichter vor Angst verzerrt, in den Augen Entsetzen.

Wieder brannten Häuser. Dann wurden einige von den Dorfbewohnern zusammengetrieben, und der Marsch begann.

Ihre Nachbarn wandten die Gesichter ab, um ihren Blicken nicht zu begegnen. Jeder von ihnen erinnerte sich jetzt, an welchen Gott der andere glaubte.

Die Hunde, die in den Ruinen der verwüsteten Häuser herumstreunten, heulten den Tod an.

## 10

*Wenn das Jahrtausend beginnt, das nach dem Jahrtausend kommt*
*Wird jeder wissen, was an allen Enden dieser Erde ist*
*Wird man Kinder sehen, deren Knochen die Haut durchstoßen*
*Und solche, deren Augen von Fliegen bedeckt sind*
*Und solche, die gejagt werden wie Ratten.*

*Doch der Mensch, der dies sieht, wird sein Gesicht abwenden*
*Denn er kümmert sich nur um sich selbst*
*Er wird ihnen eine Handvoll Korn als Almosen geben*
*Während er auf vollen Säcken schläft*
*Und was er mit der einen Hand gibt, wird er mit der anderen wieder nehmen.*

Er saß in einem schwarzledernen Sessel und döste vor sich hin, mit der aufgeschlagenen Zeitung auf seinen Knien. Auf dem Fernsehbildschirm flimmerten Bilder. Von Zeit zu Zeit hob der Mann den Kopf, öffnete die Augen und sah zu. Sein Sohn spielte vor ihm auf dem Fußboden. Seine Frau kam ins Zimmer und ging wieder hinaus.

Plötzlich sagte sie: »Aber das ist ja entsetzlich.« Das Kind hörte auf zu spielen. Der Mann richtete sich auf. Auf dem Bildschirm waren nackte Kinder zu sehen, die in einem halbdunklen Raum auf dem Boden kauerten.

Sie glichen einer Art großer schwarzer Insekten, doch bei einigen waren die riesigen, hungrigen Augen die von verlassenen Alten. Bei anderen waren sie nur eitrige Schlitze, auf denen es von Fliegen wimmelte.

»So etwas sollte nicht gezeigt werden«, sagte der Mann. »Um diese Zeit schauen auch Kinder zu.«

Er suchte hektisch nach der Fernbedienung und fluchte, weil er sie nicht fand.

Das Kind im Zimmer fragte: »Was war denn das? Und wo?«

»Weit, weit weg, spiel nur weiter«, sagte der Vater.

Und die Mutter murmelte noch immer vor sich hin: »Es ist entsetzlich, diese armen Leute.«

Der Mann sagte, daß diese Leute mit ihrem Mangel an Hygiene und ihren eigenen Sitten noch nicht so weit seien wie die Menschen hier, in den zivilisierten Ländern.

»Sie weinen«, sagte das Kind.

Doch da war die Reportage schon zu Ende, und der Mann suchte nicht weiter nach der Fernbedienung. Es wurden Autos gezeigt, die in einem Formel-1-Kurs rasten. Und der Mann sagte, diese Piloten seien phantastisch, sie machten mehr als 300 Kilometer in der Stunde.

Am nächsten Tag sagte das Kind, in der Schule habe man ihm gesagt, es solle ein Kilo Reis mitbringen. Der Mann zuckte die Schultern. »Natürlich wirst du das mitbringen«, sagte die Mutter.

»Das ist für die Kinder von gestern abend«, sagte das Kind.

»Wenn's ihnen Spaß macht«, sagte der Mann.

Er schlug seine Zeitung auf. Die Wirtschaft interessierte ihn. Es wurde berichtet, daß der Internationale Währungsfonds einen Schuldenerlaß für hochverschuldete Länder nicht ins Auge fassen könne.

»Das fehlte gerade noch«, sagte der Mann. »Was glauben die eigentlich? Daß wir sie ernähren?«

»Ich habe Hunger, Mama«, sagte das Kind.

»Komm essen, mein Liebling, komm, mein Schatz.«

## 11

*Wenn das Jahrtausend beginnt, das nach dem*
*Jahrtausend kommt*
*Wird der Mensch mit allem Handel treiben*
*Jedes Ding wird seinen Preis haben*
*Baum, Wasser und Tier*
*Nichts wird mehr wahrlich geschenkt sein, und alles*
*wird verkauft werden.*

*Doch der Mensch wird dann nicht mehr sein als das*
*Gewicht seines Fleisches*
*Sein Körper wird feilgeboten werden wie ein Pfund*
*Fleisch*
*Sein Ohr und sein Herz wird man nehmen*
*Nichts wird mehr heilig sein, weder sein Leben noch*
*seine Seele*
*Man wird sich um seine sterbliche Hülle und um*
*sein Blut streiten, als wolle man Aas zerfetzen.*

Die Familie lebte am Rande der großen Metropole, in einer dieser Hütten aus Brettern, Blech, Pappe und Steinen. Wie sie gibt es Hunderttausende in diesem Slum, der *Favela*, die auf einem abschüssigen und ausgewaschenen Stück Erde entstanden ist. Wenn der große tropische Regen fällt, rutscht alles weg und reißt Hütten, Frauen, Kinder, Alte mit sich. Danach suchen sie im Schlamm nach Körpern und Gegenständen. Anschließend wird neu aufgebaut. Und niemand kann daran etwas ändern.

Wie viele Kinder leben in dieser *Favela?* Sie klettern im Müll herum, in den Gräben machen sie den Vögeln und Hunden die Abfallhaufen streitig, die sie unablässig durchforsten. Ihre Hände verlängern sie mit langen Metallstäben, um Stoffe und Dosen aus den Abfällen fischen zu können. Sie füllen Säcke und verkaufen, was sie auf diese Weise ergattert haben, für ein paar Pfennige. Oft stehlen sie, und wie eine Horde ziehen sie in den Vierteln der Stadt herum und stürzen sich mal auf eine Schaufensterauslage, mal auf eine Passantin. Es sind die ›Wilden der Städte‹. Häufig verschwindet einer von ihnen. Wen kümmert das? Wer weiß davon? Die Gruppe schließt sich über dem Verschwundenen wie Wasser, nachdem ein Stein hineingefallen ist. Wurde er eines Nachts an einer Straßenecke von einem Polizisten der ›Todesschwadron‹ ermordet, die die Stadt reinhalten? Oder ist er einem von denen aufgefallen, die man die ›Vampire‹ nennt? Als Kind aus dem Dreck, aus dem Elend der Straße, ist er trotz allem kräftig. Denn er gehört zu denen, die überlebt haben. Die Schwachen sind tot. Seine Haut aber ist braun, seine Muskeln sind stark. Er kann schnell rennen. Er hat ein feines Gehör. Er spürt die Gefahr.

Eine gute Beute für die ›Vampire‹.

Man stellt ihm eine Falle. Mit einem Geldschein

wird er angelockt. Er ist mißtrauisch, doch Geld ist Geld. Jetzt ist er gefesselt, nackt in ihren Händen, und wird in den Kofferraum eines Autos gestoßen. Sein Mund ist verklebt, damit er nicht schreien kann.

Was geht in ihm vor? Wer wird es erfahren? Er ist ein erlegtes, gefesseltes Tier.

Später einmal wird man seine Leiche finden, vielleicht wenn ein Graben für eine neue Straße ausgehoben wird. Und wenn es noch nicht zu spät ist, wird man verstehen, daß er starb, nachdem man ihm die Augen und dann die Hornhaut der Augen herausgenommen hatte, und daß der lange Schnitt in seiner Haut dazu diente, daß man ihm das Herz, die Nieren und die Leber herausreißen konnte.

Alles ist zu haben.

Alles ist verkäuflich. Und diese Art von Ware ist fast unerschwinglich.

Ein gutes Produkt, mein Herr, Qualität ist garantiert.

## 12

*Wenn das Jahrtausend beginnt, das nach dem*
*Jahrtausend kommt*
*Wird der Mensch das Gesicht der Erde verändert*
*haben*
*Er wird sich für den Meister und Lehnsherrn der*
*Wälder und Herden halten*
*Er wird den Boden und den Himmel zerpflügt*
*Und seine Furchen durch die Flüsse und Meere*
*gezogen haben.*

*Doch die Erde wird nackt und unfruchtbar sein*
*Die Luft wird brennen und das Wasser übel riechen*
*Das Leben wird welken, denn der Mensch wird den*
*Reichtum der Welt ausgeschöpft haben*
*Und der Mensch wird einsam sein wie ein Wolf*
*In seinem Haß.*

In diesem Sommer wehte kein Wind. Die Hitze schien plötzlich unerträglich. Sie war greifbar, klebte an der Haut, drang in den Hals ein, umhüllte alles mit einer Art Lichtkreis, und selbst der Parthenon war in dem schmierigen Nebel kaum mehr zu erkennen.

In den alten Texten jedoch hatten weder die Historiker noch die Schriftsteller, diejenigen, die im fünften Jahrhundert v. Chr. Demokratie und politisches

Denken begründeten, eine solche Erscheinung erwähnt. Im Gegenteil, in ihren Schriften erscheinen Athen und die anderen Stadtstaaten als Orte, die von einem leichten Wind gereinigt werden, der den Geruch des Meeres und die Düfte der mediterranen Landschaft mit sich trägt.

Als Vassilikos an seinem Schreibtisch darüber nachdachte, drängten sich ihm Fragen auf. Hatte sich das Klima verändert, oder waren die Griechen von heute so anfällig geworden, daß sie ein Anflug von Hitze schon störte?

Er lehnte sich aus dem Fenster. Er lebte oberhalb der Stadt und konnte sie unter sich liegen sehen: Sie war vollkommen von einer dicken, fast bräunlichen Wolke bedeckt, die die Stadt erstickte. Darüber dröhnten bis hin zu seinem Fenster in Form eines dumpfen, von Schreien unterbrochenen Grummelns der starke, chaotische Verkehr, die Sirenen der Polizei- und Krankenwagen.

Denn die Hitze und die Feuchtigkeit, die Dichte der mit Blei und giftigen Gasen angereicherten Luft schnürten der Stadt die Kehle ab.

Die Krankenhäuser waren voll mit Alten und kleinen Kindern, Asthmatikern, die nicht mehr behandelt werden konnten, weil die Sauerstoffmasken nicht ausreichten.

Den Kindern wurde geraten, zu Hause zu bleiben oder – wie in Mailand, in Mexiko City und anderen Städten der Welt – nur mit einer Gasmaske vor dem

Gesicht auszugehen. Innerhalb weniger Stunden war diese schwarz von fettigem Ruß.

Man beschloß, täglich für einige Stunden den Autoverkehr zu verbieten. Doch es nützte nichts. Die erstickende Haube wurde immer dichter.

Als Vassilikos einige Minuten lang hinuntergesehen hatte, wußte er nicht mehr, ob er eine Geschichte aus der Zukunft erzählte oder ob er all das wirklich momentan durchlebte.

Er begann zu husten und konnte nicht mehr aufhören. Er schloß das Fenster und begann zu schreiben, denn das war sein Beruf. »Der Fortschritt«, so fing er seine kurze Geschichte an.

## 13

*Wenn das Jahrtausend beginnt, das nach dem Jahrtausend kommt*
*Wird auch das Kind verkauft werden*
*Manche werden sich seiner bedienen wie einer Zielscheibe*
*Um Genuß zu finden an seiner jungen Haut*
*Andere werden es wie ein unterwürfiges Tier behandeln.*

*Die unantastbare Schwäche des Kindes wird vergessen sein*
*Und sein Geheimnis*
*Es wird wie ein Fohlen sein, das dressiert wird*
*Wie ein Lamm, das geschlachtet und ausgeblutet wird*
*Und der Mensch wird nur noch die Grausamkeit kennen.*

Nach einer langgezogenen Schleife über dem Wald hatte das Flugzeug zu seinem Landeanflug in Richtung Stadt angesetzt. Es erschien weiß, erhellt von den erleuchteten Anzeigen, die sich in der großen Wasserfläche spiegelten. Sie schien so etwas wie ein glänzendes Schmuckkästchen um das Flugzeug herum zu bilden.

Die Passagiere, zumeist Männer, stiegen nach und nach aus. Nachdem sie die Formalitäten am Zoll und bei der Polizei erledigt hatten, gingen sie durch den Flughafen, und plötzlich war jeder von ihnen von einer Schar Kinder umringt.

Sie mochten etwa zwölf Jahre alt sein. Aus ihren gebräunten, glatten Gesichtern stachen extrem weiße Zähne hervor. Sie waren mit bunten Hemden bekleidet, die sie offen trugen, so daß ihre mageren Oberkörper und ihre samtene Haut zu sehen waren. Ihre meist hellen Hosen lagen eng an ihren dünnen Beinen an. Weiter weg standen junge Erwachsene, an Glaswände gelehnt, mit verschränkten Armen. Sie schienen die Szene zu überwachen, lagen auf der Lauer wie Jäger, die ihre Hunde loslassen.

Die Kinder schnappten sich das Gepäck der Reisenden, sie stellten sich auf die Zehenspitzen, um ihnen etwas zuzuflüstern. Da begannen diese reifen Männer, die vom anderen Ende der Welt kamen, zu lachen, zunächst verschämt, dann kehlig, als ob sich eine Art Trunkenheit ihrer bemächtigt hätte.

Anschließend zwängten sie sich mit einem oder zwei Kindern in lange gelbe Taxis.

Nach einer Weile, als sie die Vorstädte durchquert hatten, setzten die Taxis sie vor großen Hotels ab, vor deren Türen sich ebenfalls Trauben von Jugendlichen drängten, die zumeist Shorts und leuchtend weiße Hemden trugen. Es schien, als ob auf diese Weise der Unterschied zwischen denen vom Flughafen und denen aus der Stadt sichtbar gemacht werden sollte.

Die Kinder begleiteten die Kunden bis zur Rezeption. Die Männer aus Europa, aus Japan oder Australien gingen allein in ihre Zimmer hinauf. Schließlich mußte ja der Anschein von Anstand und Legalität gewahrt bleiben.

Dann bestiegen auch die Kinder die Lifte – Jungen und Mädchen, sie waren schwer voneinander zu unterscheiden. Sie würden leicht mit einem Finger an die halboffene Tür des Zimmers tippen. Der Mann würde vor der Minibar sitzen, mit einem Glas Alkoholischem in der Hand. Der Schweiß würde ihm auf der Stirn stehen.

»Komm her«, würde er zu dem Kind sagen, im Befehlston oder eher zögernd. Das hing von der Art des jeweiligen Kunden ab.

Doch das Kind würde immer fügsam sein und lächeln.

Gut dressiert.

## 14

*Wenn das Jahrtausend beginnt, das nach dem Jahrtausend kommt*
*Werden Blick und Geist des Menschen Gefangene sein*
*Sie werden trunken sein und es nicht bemerken*
*Sie werden Bilder und Spiegelungen für die Wahrheit der Welt halten*
*Man wird mit ihnen machen, was man mit einem Schaf macht.*

*Dann werden die Raubtiere kommen*
*Raubvögel werden sie zu Herden zusammentreiben, um sie leichter zum Abgrund drängen*
*Und einen gegen den anderen aufhetzen zu können*
*Man wird sie häuten, um ihre Wolle und ihre Haut zu bekommen*
*Und wenn der Mensch überlebt, wird er seiner Seele beraubt sein.*

Der Wächter hatte den Mann nicht in das Gebäude gehen sehen. Der Mann kannte den Code nicht, aber wahrscheinlich hatte er sich hinter einem Hausbewohner hineingeschlichen. Als der Wächter später Explosionen hörte, dachte er nicht daran, daß sie aus dem dritten Stock kommen könnten, wo der berühmte Rentner lebte. Seine Vergangenheit, so hieß es, liege im dunkeln, und eines Tages werde er möglicherweise gerichtet werden. Im Augenblick schienen diese Gerüchte jedoch durch nichts bestätigt zu sein. Der berühmte Rentner lebte beschaulich, das Haus verließ er nur, um seinen Hund auszuführen.

Der Wächter hatte den Mann auch nicht wieder hinausgehen sehen. Daß sich in seinem Gebäude etwas ereignet hatte, bemerkte er erst, als Polizisten auf den Eingang losstürmten, die Türen aufstießen und ins Treppenhaus drängten.

Aber er war höchst fasziniert von dem, was er im Fernsehen sah und hörte. Ein Mann erklärte gegenüber einem Dutzend Journalisten, warum er den berühmten Rentner getötet habe. Er gestikulierte beim Sprechen mit den Händen und blickte um sich, als ob er jedem einzelnen der Photographen, die um ihn herumstanden, die Stirn bieten wolle. Er sagte, er sei ein ›Rächer der Medien‹, und er wiederholte diese Formel, auf die er stolz, von der er regelrecht verzückt zu sein schien, mit aufgerissenen Augen unter den Scheinwerfern, leicht schwankend, als ob er betrunken wäre, als ob die Kameraobjektive, die Apparate und Mikrophone Wellen aussenden würden, die ihn verwandelten. Er sagte: »Ich will zur ganzen Welt sprechen, ich spreche zur ganzen Welt. Ich hätte gerne gehabt, daß Sie live übertragen, wie ich ihn richte. Aber wären Sie gekommen? Dennoch ist es das, was die ganze Welt sehen sollte.«

Die Polizisten stießen den Wächter aus seinem

Häuschen, doch er schien sie nicht zu hören, nahm sie kaum wahr. Seine Augen waren noch immer auf den Bildschirm gerichtet, wo der Mörder sich weiter mit seiner Tat brüstete.

Der Wächter schien schließlich zu hören, was man ihm sagte, als im Anschluß an die Informationssondersendung die Spiele des Abends angekündigt wurden, als das Große Rad sich zu drehen begann. Er bedauerte, die Sendung nicht sehen zu dürfen, doch die Polizisten zogen ihn am Ärmel weg. Bevor er sein Häuschen verließ, konnte er gerade noch hören, wie die Präsentatorin mit erhobenen Armen sagte: »Leben Sie mehr, leben Sie besser, mit Wunder-TV! Verwirklichen Sie Ihre Träume! Eins, zwei, drei, wie lautet Ihre Antwort? Wollen Sie das?«

»Ja, ja!« schrie die Masse und applaudierte.

## 15

*Wenn das Jahrtausend beginnt, das nach dem*
*Jahrtausend kommt*
*Werden die Lehnsherren ohne Glauben herrschen*
*Sie werden den unschuldigen und untätigen*
*Menschenmengen gebieten*
*Sie werden ihre Gesichter verbergen und ihre*
*Namen geheimhalten*
*Und ihre festen Burgen werden sich in den Wäldern*
*verlieren.*

*Doch sie werden über das Schicksal von allem und*
*jedem entscheiden*
*Niemand wird an den Versammlungen ihrer*
*Ordnung teilnehmen*
*Jeder wird in Wirklichkeit ein Leibeigener sein und*
*glauben, ein freier Mann und Ritter zu sein*
*Allein werden sich die aus den wilden Dörfern und*
*mit ketzerischem Glauben erheben*
*Doch sie werden zuerst besiegt und lebendig*
*verbrannt werden.*

Sein Name war Hernandez. Er besaß ein Feld, das von tausend kleinen Flüssen bewässert war. Die Mäander bildeten so etwas wie eine riesige, unter Wasser stehende Ebene: das peruanische Amazonasgebiet.

Er hatte acht Kinder, seine Frau war bei der Geburt des neunten gestorben. Die ganze Familie – die Kinder, sobald sie vier Jahre alt waren – arbeitete auf dem Feld, pflanzte Reis, zog Gräben für seine Bewässerung und holte ihn dann aus dem Boden. Wenn der Reis geerntet war, ging Hernandez mit allen anderen Bauern der Gegend nach Lima auf den Markt, um ihn zu verkaufen. Mit seiner ganzen Familie ging er in die Stadt, das war ein Tag großer Freude. Es wurden Bonbons gekauft, Hüte, Brot und Wein. Anschließend gingen sie wieder zurück zu ihrem Feld und ihrem baufälligen Haus, und eine neue Saison begann.

Tausende von Kilometern entfernt, in einem dieser Gebäude, denen Rauchglasfassaden das sonderbare Aussehen von Geschöpfen verleihen, die ihre Identität verschleiern wollen, fand unter dem Vorsitz des Präsidenten der Internationalen Handelskammer eine Versammlung von Experten des Internationalen Währungsfonds statt. Man hatte den Beschluß gefaßt, den Handel zu liberalisieren und überall die Handelsfreiheit zu schaffen, ohne die keine Weltzivilisation möglich ist. Der Präsident legte besonderen Wert auf den Handel mit landwirtschaftlichen Produkten, der immer noch von vorsintflutlichen Bestimmungen und altmodischem Protektionismus gelenkt werde. Erfreulicherweise konnte der IWF auf die Regierungen heilsamen Druck ausüben und erreichen, daß diese übertriebenen Zollbestimmungen aufgehoben wurden.

Zum Beispiel in den Ländern Lateinamerikas, vor allem in Peru, für den Reis. Ein Skandal, daß hier immer noch Einfuhrschwierigkeiten bestanden. Dem mußte ein Ende gesetzt werden. Und Peru war so stark verschuldet, daß es sich der Entscheidung beugen würde.

Es beugte sich.

Als Hernandez und seine acht Kinder mit ihrer Ladung Reis in Lima ankamen, wurde ihnen gesagt, daß es nun zu Ende sei mit den alten Preisen. Der Zwischenhändler zeigte seine Lager, die voll mit Reissäcken waren. Die kamen direkt aus Vietnam und enthielten Reiskörner, so groß wie ein Fingernagel, die hier in Lima nur halb soviel kosteten wie der arme kleine amazonische Reis.

Das ist Handelsfreiheit, so ist das nun mal, Hernandez.

Einige von Hernandez' Leidensgefährten beschlossen, zur Waffe zu greifen. Er aber wußte, daß die Armee mächtig war. Die Hubschrauber entdeckten einen Menschen sogar unter den Bäumen.

Er hatte acht Kinder. Ihm fiel ein, daß er anstatt Reis auch Koka anbauen könnte. Das verkaufte sich gut, und das konnte man in alle Länder der Welt exportieren.

## 16

*Wenn das Jahrtausend beginnt, das nach dem*
*Jahrtausend kommt*
*Werden die Menschen auf der Welt so zahlreich sein*
*Daß sie einem Ameisenhaufen gleichen, in den ein*
*Stock getrieben wird*
*Sie werden umherrennen, und der Tod wird sie mit*
*dem Absatz zermalmen*
*Wie verwirrte Insekten.*

*Große Bewegungen werden sie von einem Ort zum*
*nächsten treiben*
*Braune Haut wird sich mit weißer vermischen*
*Der christliche Glaube mit dem des Ungläubigen*
*Manche werden den versprochenen Frieden predigen*
*Doch allerorten werden verfeindete Stämme Krieg*
*führen.*

Er war Lehrer. Er hatte beschlossen, jene Stadt zu besuchen, die während seiner Studienjahre für ihn eine Art Tor zu einem wunderbaren Tempel gewesen war – die Kultur, die er bewundert hatte, die ihn noch immer faszinierte, über die er so viele Bücher gelesen hatte. Er wollte den Nil hinauffahren und die Pyramiden sehen, wie es Millionen andere Touristen schon seit Jahrhunderten vor ihm getan hatten.

Er wanderte also durch die Straßen von Kairo. Er

war bezaubert von all den zuvorkommenden Händlern, vom Rauschen der Stimmen, der Dissonanz der Autohupen, den Gerüchen. Er war anders, aber er fühlte sich in keinem Moment verloren oder bedroht.

Dann entdeckte er die Hütten auf den Dächern der Gebäude, und der Fremdenführer erklärte ihm, daß die Bauern noch immer in die Stadt kamen, um dort zusammengedrängt zu leben. Sie wurden vom Land vertrieben, weil es dort zu eng wurde für Familien, die immer größer und größer wurden.

Er sah sich den Friedhof an – von weitem, bleiben Sie auf Abstand, hatte man ihm geraten –, und er entdeckte die Menschen, die zwischen den Gräbern lebten, über den Toten. Wie in einem absonderlichen und symbolischen Schauspiel schien hier das Leben über den Tod zu obsiegen. Und vielleicht wegen dieses letztes Eindrucks fühlte er sich auf einmal schlecht, so als ob der Druck dieser Menschenmenge auf ihn wirke, ihn erdrücke, als ob er plötzlich entdecke, daß die Straßen vollgestopft waren mit Fahrzeugen, mit Hand- und Schubkarren, so daß nichts mehr vorwärtsging und das Verkehrschaos einem das Gefühl gab zu ersticken, daß die Stadt tausend Risse bekam wie ein zu voller Sack, der aus all seinen Löchern das Korn rieseln läßt. Und er sah das Elend, die Abfallhaufen, das schlammige Wasser und gleichzeitig den Haß in einigen Gesichtern, gelegentliche Ellbogenstöße in der Menge, deren Brutalität und Niedertracht er spürte. Mehrmals schien es ihm, als bedrohe ihn jemand mit der Faust, als spucke man in seine Richtung.

Da hatte er es eilig, diese Stadt zu verlassen, die er geliebt hatte.

Ein letztes Mal setzte er sich auf die Terrasse des Cafés gegenüber seinem Hotel.

In diesem Moment explodierte die Bombe.

## 17

*Wenn das Jahrtausend beginnt, das nach dem*
*Jahrtausend kommt*
*Werden die Menschen alle Grenzen überschreiten*
*wollen*
*Die Mutter wird graue Haare haben wie eine Alte*
*Der Weg der Natur wird verlassen werden*
*Und die Familien werden wie Körner sein, die*
*verstreut wurden und die nichts mehr einen kann.*

*Es wird also eine andere Welt sein*
*Wie ein durchgegangenes Pferd wird ein jeder*
*herumirren ohne Halt*
*Ohne Führung in alle Richtungen gehen*
*Unglück dem Reiter, der dieses Tier lenkt*
*Er wird keine Steigbügel haben und in den Graben*
*stürzen.*

Sie war eine rundliche Frau mit grauen Haaren, die in einem Knoten zusammengebunden waren. Sie trug eine Brille und hatte diese bei Lehrerinnen oft zu beobachtende würdevolle Ausstrahlung, die durch lächelnde Gutmütigkeit abgemildert wird. Sie hatte auf den Tisch, der ihr als Schreibtisch diente, einen Rahmen gestellt. Darin befand sich ein Foto von einem jungen Mann mit braungebranntem, sympathischem Gesicht. Jedesmal, wenn sie aufsah und das Foto betrachtete, änderte sich ihr Ausdruck. Plötzlich verschleierte sich ihr Blick. Sie erinnerte sich an ihren verstorbenen Sohn.

Sie lebte allein. Sie hatte ein kleines Vermögen geerbt, zumindest hielt sie es dafür, auch wenn die Summe den wirklich Reichen lächerlich erschienen wäre. Ihr aber vermittelte sie ein Gefühl der Freiheit, das sie nie gekannt hatte, den Eindruck, daß sie ihre Träume wahrmachen könnte.

Eigentlich genügte es ihr, das Bild ihres Sohnes vor sich zu betrachten, um zu wissen, daß sie nur ein einziges Verlangen kannte: ein eigenes Kind zu haben.

Sie wäre gerne Großmutter geworden: Sie war sechzig Jahre alt. Wenn ihr Sohn noch leben würde, hätte er ihr Enkelkinder geschenkt. Gott hatte es nicht gewollt.

Sie hätte ein Kind adoptieren können, und manchmal hatte sie darüber nachgedacht. Doch wer steckt wirklich hinter dem Gesicht eines adoptierten Kindes? Welche geheime Geschichte birgt es? Sie begann unterdessen, sich zu informieren. Man sagte ihr, sie sei zu alt, um Verantwortung für die Erziehung eines Kindes zu übernehmen. Als sie eines Tages bei ihrem Friseur saß, den Kopf unter der Haube voll heißer Luft, las sie in einer Zeitschrift, daß ein Medizinprofessor Wunder vollbringe. Er habe die Altersgrenze für Frauen aufgehoben, die ein Kind zur Welt bringen wollten.

Für die Frau war diese Nachricht wie eine Offenbarung.

Einige Monate später prangte ihr Foto überall auf den ersten Seiten der Zeitungen. Die Kommentatoren äußerten sich zu ihrem Fall gleichermaßen positiv und negativ. Mit sechzig Jahren Mutter werden? War das legitim?

Sie war so glücklich wie nie zuvor. Sie hatte einen zweiten Rahmen auf ihren Schreibtisch gestellt, mit dem Foto des Neugeborenen.

In diesem Jahr starben mehrere Millionen Kinder – zwanzig? dreißig? – vor Hunger.

## 18

*Wenn das Jahrtausend beginnt, das nach dem Jahrtausend kommt*
*Werden die Menschen sich nicht mehr dem Gesetz Gottes unterwerfen*
*Sie werden das Leben wie ein Reittier lenken wollen*
*Sie werden ihre Kinder im Leib ihrer Weiber wählen wollen*
*Und die töten, die sie nicht mögen.*

*Doch wer wird der Mensch sein, der sich so für Gott hält?*
*Die Mächtigen werden das beste Land und die schönsten Weiber an sich reißen*
*Die Armen und die Schwachen werden wie Vieh sein*
*Jede armselige Hütte wird ein Gefängnisturm sein*
*Die Angst wird sich wie Gift in jedes Herz fressen.*

Wie jeder, dessen Zeit gekommen ist, zählte der alte Mann die Tage, die ihm noch zu leben blieben. Er bedauerte, nur noch eine kurze Wegstrecke vor sich zu haben. Er ließ sich die Angst nicht anmerken, die ihm im Nacken saß, die ihm heiß und kalt werden ließ. Es war, als wäre seine Haut in Eiswasser getaucht, und er schlotterte.

Vor wenigen Jahren hatte er eine junge Frau geheiratet, die er nicht liebte. Was war die Liebe? Er hatte den Eindruck, daß er für das geringste Verlangen immer stärkere Gefühle aufbringen mußte.

Manchmal fragte er sich, ob ihm nicht Schmerzen wieder zum Genuß verhelfen könnten. Er hatte panische Angst vor Impotenz. Er beobachtete seinen Körper, die Zeichen der Alterung, und er lauerte auf immer neue Schwächen.

Er bemühte sich, mehrmals in der Woche andere Frauen zu bekommen, um herauszufinden, ob sein Körper mit verschiedenen anderen noch reagieren konnte.

Er war verbittert und ängstlich, als er feststellte, daß er über seinen Körper keine Befehlsgewalt mehr hatte. Er hatte das Gefühl, unter seinem Bauch ein klaffendes Loch zu haben.

Es war für ihn wie ein Horror.

Er lebte in einem weit entfernten Land der anderen Hemisphäre. Er war reich und respektiert. Seine Vorliebe für Frauen war bekannt, doch das schien ganz natürlich. Er hatte immer so gelebt, ohne Vorurteile, wie ein hoher Herr.

Er wagte es, seine Sorgen einem Arzt anzuvertrauen. Was konnte man tun? Zuerst lächelte der Arzt. Wer mochte glauben, daß es ein Wundermittel gegen das Alter gebe? Ich kann alles bezahlen, antwortete der alte Mann.

Welchen Pakt mit dem Teufel er vorschlage, fragte der Arzt.

Mit leiser Stimme fügte er dann hinzu, daß manche in der Tat Medikamente, Drogen, menschliches Rückenmark anböten. Doch Vorsicht, das sei alles geheim und illegal. Woher kam das Rückenmark gesunder Menschen? Niemand wußte es, niemand wollte es wissen.

Ob er interessiert sei, das sei freilich sehr teuer.

Der alte Mann war natürlich einverstanden.

Kurz darauf starb er an den Folgen einer Vergiftung mit unbekannter Ursache.

Jährlich verschwinden mehrere tausend Menschen – in den meisten Fällen sind es Arme und häufig Kinder – im Land dieses alten Mannes.

## 19

*Wenn das Jahrtausend beginnt, das nach dem*
*Jahrtausend kommt*
*Wird es eine dunkle und geheime Ordnung geben*
*Ihr Gesetz wird der Haß sein und ihre Waffe das*
*Gift*
*Sie wird immer mehr Gold wollen und ihre*
*Herrschaft über die ganze Erde verbreiten*
*Und ihre Diener werden untereinander durch einen*
*Kuß des Blutes verbunden sein.*

*Die Gerechten und Schwachen werden ihren Regeln*
*gehorchen*
*Die Mächtigen werden ihr zu Diensten sein*
*Das einzige Gesetz wird das sein, welches sie im*
*Schatten diktiert*
*Sie wird das Gift bis in die Kirchen hinein*
*verkaufen*
*Und die Welt wandert mit dem Skorpion unter ihren*
*Sohlen.*

Die Männer traten aufeinander zu, zogen sich gegenseitig an sich, legten ihre großen Hände offen auf den Rücken des anderen. Sie umarmten einander und blieben eine ganze Weile so stehen, dann setzten sie sich einander gegenüber an den Tisch, legten die Hände flach darauf und unterhielten sich.

Es waren schwarz gekleidete Männer mit weißen Hemden. Sie waren etwas dicklich, und man hätte sie für Großhändler halten können, die über Geschäfte reden, vielleicht über den Verkauf von Vieh oder Obst.

Von Zeit zu Zeit schoben sie sich kleine Papierfetzen zu, auf die sie einige Zahlen, ein paar Namen und Telefonnummern gekritzelt hatten.

Sie sprachen lange miteinander, dann schüttelten sie die Köpfe und gingen zusammen zur Tür, die aus dem großen Saal führte, in dem sie gerade über eine Stunde verbracht hatten.

Sie öffneten die Türflügel, und ein knappes Dutzend Männer trat ein, einer nach dem anderen. Auch sie waren schwarz gekleidet, stolzierten würdevoll auf die Männer zu, schüttelten ihnen die Hände und verbeugten sich als Zeichen tiefen Respekts. In der Tat waren sie allesamt ›Respektspersonen‹.

Da waren drei Abgeordnete, zwei Banker, ein Senator, drei Unternehmer aus der Baubranche, ein Notar und derjenige, der den Zuschlag für den öffentlichen Auftrag bekommen hatte und sich nun um die Probleme mit Wasser und Müllabfuhr in mehreren Städten im Süden kümmerte.

»Das ist unser Handelsausschuß«, sagte einer der beiden Männer, »meine Herren, und Sie sind seine effizienten Mitglieder, doch jetzt müssen wir die Dinge unter einem anderen Blickwinkel betrachten.«

Die Ware, die man sozusagen nur mit Glacéhandschuhen anfassen dürfe, sei eingetroffen. Sie war in der Landeswährung Milliarden wert, Millionen in Dollar. Sie sollte abgesetzt werden. Die Einkünfte würden in kleinen Scheinen eingehen, das Geld müsse ›gewaschen‹ werden. Deswegen sei der Handelsausschuß zusammengetreten. Welche Arbeiten? Welche Bank? Welcher Umlauf?

»Es gibt«, sagte einer der Abgeordneten, »Richter, die ihre Nase in alles stecken.«

»Wir können ihnen ja die Nase abschneiden«, sagte einer der beiden Männer.

Alle lachten.

## 20

*Wenn das Jahrtausend beginnt, das nach dem Jahrtausend kommt*
*Werden viele Menschen mit verschränkten Armen dasitzen*
*Oder sie werden mit leeren Augen umhergehen, ohne zu wissen, wohin*
*Denn sie werden keine Schmiede mehr haben, wo sie das Eisen schmieden können*
*Und kein Feld mehr, das sie bestellen können.*

*Sie werden sein wie ein Samenkorn, das keine Wurzeln schlagen kann*
*Umherirrend und entblößt, gedemütigt und hoffnungslos*
*Die Jüngsten und die Ältesten oft ohne Heim*
*Es wird ihnen nur noch bleiben, für ihr Heil in den Krieg zu ziehen*
*Und sie werden zuerst sich selbst bekämpfen und ihr Leben hassen.*

Die Straße der kleinen Stadt schien endlos zu sein, und niemand wußte, warum sie ausgerechnet am Ende des Feldes begann. Vielleicht hätte sie weiter oben anfangen und weiter unten enden sollen. Aber so war sie nun mal: eine Straße, die den Berg hinunterführte, auf beiden Seiten Häuser und hinter jedem Haus ein Garten. Und dann die Stille. Die leere Straße und am Ende eine Art spitzer Hügel mit steilen Hängen. Er mochte aus Kohlenstaub sein, eine Halde. Er mochte aus den Abfallmineralien des Eisenerzes sein, das in den Hochöfen geschmolzen wurde. Entweder das eine oder das andere: Wen interessierte das schon? Das Gras wuchs auf diesem künstlichen Hügel, von dem manche sagten, er schwele noch und das Feuer verzehre ihn im Inneren. Deshalb wuchsen auch unbekannte, vielleicht tropische Pflanzen auf dem Kohle- oder Eisenstaub.

Früher, sagte der Mann ...

Und dieses Früher war erst fünf Jahre her.

Früher lebte die Straße. Die Frauen standen vor den Häusern. Die Familien kamen aus dem Süden und hatten sich hier niedergelassen, manche vor über dreißig Jahren. Doch sie hatten die Gewohnheit beibehalten, draußen zu leben, sobald es das Wetter erlaubte. Die Kinder zogen in Grüppchen herum. Sonntags blieben die Cafés lange geöffnet, obwohl man am anderen Morgen wieder in die Erz- oder Kohlengrube hinuntermußte.

Die Geschäfte machten zur gleichen Zeit dicht wie die Fabriken und die Minen. Die Gehwege bekamen Risse, in denen das Wasser stand und große schwärzliche Pfützen bildete. Man hatte Bretter vor die Fenster der Häuser genagelt, deren Fassaden mit grünen Flecken übersät waren, vielleicht vom Salpeter. Es war wie eine Krätze, und niemand war da, um sie zu heilen.

Manchmal kamen samstags oder sonntags ein paar Männer mit ihren Familien, um in der toten kleinen Stadt spazierenzugehen. Sie blieben nie lange, als ob sie die Atmosphäre erdrücke. Es war wie auf einem Friedhof, die gleiche Stille, die das Gemurmel des Windes überdeckt, wenn er zwischen den Gräbern hindurchstreicht wie hier an den Mauern entlang.

Oft rief einer der Männer aus: »Verdammt, wir haben hart gearbeitet, aber es war unser Zuhause. Und das haben sie zugemacht, obwohl die Minen noch viel hergegeben hätten. Jetzt importieren sie es vom Ende der Welt her, und wir können Däumchen drehen wie die Alten.«

Aber in den Minen in Polen oder in Chile arbeiten die Männer – und manchmal Kinder – für ein paar Pfennige.

Und darauf kommt es doch schließlich an, oder?

## 21

*Wenn das Jahrtausend beginnt, das nach dem Jahrtausend kommt*
*Werden die Krankheiten des Wassers, des Himmels und der Erde*
*Den Menschen treffen und ihn bedrohen*
*Er wird das, was er zerstört hat, wiedererstehen lassen, und das, was geblieben ist, bewahren wollen*
*Er wird vor den Tagen Angst haben, die vor ihm liegen.*

*Doch es wird zu spät sein*
*Die Wüste wird die Erde überziehen, und das Wasser wird tiefer und tiefer werden*
*Es wird an bestimmten Tagen fließen und alles mit sich reißen, wie eine Sintflut*
*Seinetwegen wird es für die Erde kein Morgen geben*
*Und die Luft wird die Körper der Schwächsten zerfressen.*

Alle waren sie einverstanden. Der Bürgermeister, die Grundstückseigentümer, die Unternehmer und sogar die Bauingenieure. Und die Käufer dieser Parzellen am Ufer des kanalisierten Flusses mit den betonierten Böschungen waren geradezu begeistert. Die Kinder würden am Fluß spielen, und der Ausblick von den etwas erhöht errichteten Häusern aus, den sie sich schon vorstellten, war außergewöhnlich. Weiter unten konnte man die alte römische Brücke und ihre jahrtausendealten Bögen sehen.

Als das Parzellierungsprojekt im Rathaus ausgehängt war, wie es sich gehört, ereiferte sich ein Mann darüber. Es war der Mann, der entweder ›der Dichter‹ oder ›der Verrückte‹ genannt wurde, je nachdem, ob man ihn mochte oder ihm mißtraute. Er lebte in einem Haus hoch oben auf einem Berg mit Olivenbäumen. Er hatte sich immer geweigert, dieses Stück Land zu verkaufen, das seit Urzeiten seiner Familie gehörte. Er hatte mehrere Prozesse gegen die Gemeinde gewonnen, die ihn enteignen wollte, weil auf diesem Grundstück Luxuswohnungen mit Blick über die Ebene und auf die Berge gebaut werden könnten. Er stellte sich ganz allein mit einem Megaphon vor das Rathaus. Es war Markttag. Er erklärte, daß der Fluß über die Ufer treten könne, daß die zukünftigen Häuser mitgerissen werden würden. Doch wer hört schon auf einen Dichter, einen Verrückten? Die Aufträge waren vergeben, der Nutzungsplan war überarbeitet. Und die Stimme des Poeten verlor sich im Lärm der Bulldozer, die die Erde aufrissen.

Drei Jahre später waren die Häuser fertig und verkauft. Es hieß, der Dichter, der noch immer – allein – protestierte und Flugblätter verteilte, gebe deswegen keine Ruhe, weil die Häuser mit Industrieziegeln gedeckt seien: Er sehe diese von seinem Haus aus, und es störe ihn, daß der Wert seines Grundstückes dadurch sinke. Neidisch, egoistisch, geizig, reaktionär. Nach seinem Tod, so dachte jeder, werde die Gemeinde endlich die großen Projekte in Angriff nehmen, zumal der Dichter keine Erben hatte.

Dann kam jener regenreiche Herbst. Dann der Winter mit seinen Regengüssen. Eines Nachts hatte der mit Hagel vermischte Regen die ganze Gegend mit einem schwarzen Mantel bedeckt. Da verwandelten sich Bäche in reißende Ströme, die auf ihrem Weg bergab Bäume und Wälle, Betonböschungen und Häuser wie Pappschachteln umwarfen. Man gab dem Wetter die Schuld.

Der Dichter sagte: Es ist der Mensch, und es ist das Geld. Doch wer hört schon auf einen verrückten Alten?

## 22

*Wenn das Jahrtausend beginnt, das nach dem Jahrtausend kommt*
*Wird die Erde an mehreren Stellen erbeben, und die Städte werden untergehen*
*Alles, was ohne den Rat der Weisen gebaut wurde*
*Wird bedroht und zerstört werden*
*Der Schlamm wird die Dörfer unter sich begraben, und der Boden wird sich unter den Palästen öffnen.*

*Der Mensch wird starrköpfig sein, denn er ist vom Stolz besessen*
*Er wird die Warnung nicht hören, die ihm die Erde immer wieder zuruft*
*Feuersbrünste werden die neuen Roms zerstören*
*Die Armen und die Barbaren werden trotz der Legionen die verlassenen Reichtümer plündern.*

Die Stadt war ein Spiegelbild der Welt, eine Art strahlendes und stolzes Babylon. Der Fremdenführer, der die Besichtigung leitete, verkündete lautstark, daß die Menschen niemals zuvor eine so außergewöhnliche Stadt errichtet hätten. Seit fast einem Jahrhundert war es die Stadt der Träume. Dort wurden Bilder gemacht, die Hunderte Millionen von Menschen sahen. In deren Köpfen wurden Landschaften lebendig, die sie niemals sehen würden, sie identifizierten sich mit Helden, die sie niemals sein würden, sie liebten Frauen, von denen sie nicht einmal zu träumen wagten. Sie waren ihnen so nahe, daß sie sie in ihren Armen wähnten, wenn sie ihre nichtssagenden Ehefrauen umarmten.

Das hatte die Stadt geschaffen. Schaut sie euch an, brave Leute. Autobahnen durchquerten sie, teilten sie. Da standen die Villen der Helden und Göttinnen, auf Hügeln, umgeben von Parks und hohen Mauern. Es war eine Stadt, die nicht einmal die Phantasie hätte entwerfen können, eine Stadt der Märchen und der Zauberspiele, doch sie war wirklich. Berührt diesen Boden!

Betrachtet auf dem Asphalt die Spuren der Schritte dieser Halbgötter, lest ihre Namen. Die Götter dieser Epoche leben hier. Ohne sie seid ihr nichts. Seit Homer hat es nichts Größeres mehr gegeben. Diese Stadt ist der Olymp, und sie ist Babylon.

Irgend jemand stellte immer eine Frage zu dem Riß, zu der Spalte, die, wie es hieß, unter der Stadt verlief. Der Fremdenführer zuckte mit den Schultern. Sicherlich würde irgendwann in tausend Jahren mal etwas passieren. Doch diese Stadt währte ewig wie die Träume, die sie produzierte. Es ist die Mythologie der Welt, die hier geschaffen wird. Und nichts kann sie zerstören.

Noch während der Fremdenführer sprach, war

plötzlich das Heulen von Sirenen zu hören. In einem der Stadtviertel entzündeten wütende Menschen Brände. Welcher Nero hatte den Befehl gegeben, die Stadt zu verwüsten, sie zu verschlingen? Da waren die Brandstifter, inmitten der panischen Touristen. Die einen schossen, die anderen warfen Scheiben ein und schleppten haufenweise Waren weg, die sie in den Geschäften erbeutet hatten.

Die Armee kam. In Kampfanzügen, die Waffen im Anschlag, Stahlhelme auf den Köpfen, gingen die Männer in Position.

Das ist das Ende von Babylon, schrie jemand. Rom brennt, brüllte ein anderer.

Später bebte die Erde, dann folgten weitere Brände, die die Villen umzingelten.

Die Angst stand den Menschen in den Gesichtern.

War es der Riß in der Erde oder jener, der die Gesellschaft durchzog?

Es war wie ein Bumerang, der das stolze Gesicht der Menschen getroffen hatte, die sich für Gott hielten.

## 23

*Wenn das Jahrtausend beginnt, das nach dem*
*Jahrtausend kommt*
*Wird die Sonne die Erde verbrennen*
*Die Luft wird nicht mehr vor dem Feuer schützen*
*Sie wird nur noch ein löchriger Vorhang sein*
*Und das brennende Licht wird Haut und Augen*
*verzehren.*

*Das Meer wird aufschäumen wie kochendes Wasser*
*Die Städte und Flüsse werden begraben werden*
*Ganze Kontinente werden verschwinden*
*Die Menschen werden sich auf Anhöhen flüchten*
*Und sie werden beginnen wiederaufzubauen und*
*vergessen, was geschehen ist.*

Der Reisende hatte die Schilderungen der Gegend gelesen. Sie waren von den ersten Entdeckern verfaßt worden. Sie beschrieben die sanften Hügel, die mit hohem Gras bewachsen waren, das sich unter dem Wind zur Erde neigte. Bei flachem Lichteinfall sah es aus wie die Oberfläche eines Meeres. Viele Bäume schufen hier und da Schattenzonen. Man konnte die großen Raubtiere daliegen sehen, während über ihren Köpfen die Raubvögel mit den nackten Hälsen kreisten.

Indem sie Feuer legten, schufen die Bauern Lichtungen, auf denen sie Hirse und Sorgho pflanzten. Die Kinder spielten nackt, und die Frauen kauerten auf dem Boden, die geölten Körper in farbenfrohe Tücher gehüllt. Wenn die Männer ausgesät oder geerntet hatten, drangen sie in das hohe Gras ein und jagten. Das erlegte Wild transportierten sie, indem sie seine Füße an dicke Äste banden, die sie sich über die Schultern legten.

So war ihr Leben.

Der Reisende in dem Flugzeug, das ihn in diese Gegend brachte, die er aus den alten Schilderungen kannte, beugte sich vor, um die Landschaft durch das Bullauge sehen zu können. Er erkannte nichts wieder. Der Boden war grau und gelb und rot, als ob sich das Meer aus hohen Gräsern zurückgezogen hätte. Er sah Straßen und einen zerklüfteten Wald. Die Dörfer waren verlassen, und am Horizont nahm er die große Stadt mit ihren riesigen Slums wahr, die aus aneinandergelehnten Hütten bestanden. Das Flugzeug flog über sie hinweg. Er erblickte die Menschenmenge, die Autos, die Staubwolken aufwirbelten, während sich in der Ferne die Regierungspaläste mit ihren weißen Marmorfassaden in den Himmel reckten, von Soldaten in leopardengemusterten Uniformen bewacht, und die Villen der Reichen und Würdenträger.

Als er einige Tage später die Gegend durchwanderte, die er bisher nur aus seiner Phantasie gekannt hatte, sah er überall nur nackten, blutroten Stein. Die Erde war tot, unfruchtbar. Einzig ihr Skelett war übrig geblieben, der Laterit, der harte tropische ziegelrote Boden, der lediglich durch Sprengungen aufzubrechen war.

Die Bäume waren verdorrt und boten nur noch mäßigen Schatten.

Der Reisende kehrte in die Stadt zurück und wanderte lange durch die staubigen Straßen. Die Kinder verkauften kleine Gegenstände. Prostituierte mit nackten Brüsten kamen auf ihn zu. Die Männer rauchten oder spielten, indem sie kleine Knochen in den schmutzigen Sand warfen.

Der Wind trug faulige Gerüche herüber. Es hieß, die Krankenhäuser könnten nicht mehr alle aufnehmen, die sich mit dem Virus angesteckt hätten.

Er dachte, daß der Mensch die Erde angesteckt habe und daß sie nun gemeinsam dahinvegetierten.

## 24

*Wenn das Jahrtausend beginnt, das nach dem Jahrtausend kommt*
*Werden die Menschen Trugbilder zum Leben erwecken können*
*Die Sinne werden getäuscht werden, und sie meinen zu berühren, was gar nicht ist*
*Sie werden Wege beschreiten, die nur die Augen sehen können*
*Und der Traum wird so Wirklichkeit werden.*

*Doch der Mensch wird nicht mehr unterscheiden können zwischen dem, was ist, und dem, was nicht ist*
*Er wird sich in falschen Labyrinthen verlieren*
*Jene, welche die Trugbilder zum Leben erwecken können*
*werden mit dem gutgläubigen Menschen ihr Spiel treiben und ihn betrügen*
*Und viele Menschen werden zu unterwürfigen Hunden.*

Es sei ein Spiel, hieß es. Dem Mann wurde ein Helm auf den Kopf gesetzt, der seine Stirn und die Augen verbarg. In der Hand hielt er eine Fernbedienung. An seinem Körper befestigte Elektroden waren mit Kabeln und einem Sender verbunden. Anschließend bekam der Mann einen kurzen Befehl. Er solle einen Knopf drücken, und dann müsse er sich nur noch von dem lenken lassen, was er sehen und empfinden werde.

Auf einer riesigen Leinwand, die alle Zuschauer von ihrem Platz aus sehen konnten, zeichnete sich die Silhouette einer jungen Frau ab, die ebenfalls einen Helm trug und deren Körper genauso wie der des Mannes mit mehreren Elektroden versehen war. »Sie werden sich lieben«, rief der Moderator.

Es war ein seltsamer, gefühlvoller und schamloser Tanz. Obwohl sie mehrere hundert Kilometer voneinander entfernt waren, umarmten und umschlangen sich der Mann und die Frau. Dabei hielten sie nichts als leere Luft, und doch hatten sie die Illusion, den Körper des anderen zu berühren. »Virtuelle Liebe«, sagte der Moderator, während die gekrümmten Leiber der beiden Liebenden endlich den Genuß des Höhepunktes zu erreichen schienen.

Die Zuschauer applaudierten wie in Ekstase, einige sprangen auf und boten sich an, auf die Bühne zu steigen. Auch sie wollten diese imaginären Empfindungen verspüren, sich an diesem Nichts reiben, das so voll, so lebendig erschienen war.

Doch der Moderator hatte seine Kandidaten bereits ausgesucht. Auf der Leinwand erschien ein kräftiger Mann, er trug ebenso wie die junge Frau, die jetzt verschwunden war, einen Helm. Auf der Bühne wurde ein zweiter Spielteilnehmer mit den Geräten ausgestattet.

»Und nun erleben wir ein Duell, einen Krieg. Und er wird gnadenlos sein«, sagte der Moderator.

Er schloß den Sender an, und ein neuer Tanz begann. Der Mann auf der Leinwand tänzelte hin und her. Der Kandidat auf der Bühne versuchte mit verzerrtem Gesicht den Schlägen auszuweichen, die er einzustecken glaubte.

Er reagierte, indem er wild auf den Knöpfen seiner Fernbedienung herumdrückte. In der Halle herrschte jetzt vollkommene Stille, und die Angst wuchs spürbar.

»Sie kämpfen und töten auf Distanz«, sagte der Moderator. Doch alles sei nur eine Parodie, so erklärte er, eine Art elektronisches Gebärdenspiel. Nach der virtuellen Liebe der virtuelle Krieg.

Plötzlich brach der Kandidat auf der Bühne zusammen. Alle Zuschauer im Saal standen auf und reckten die Hälse, um diese fiktive Agonie sehen zu können.

»Beenden wir das Scheingefecht«, sagte der Moderator. Doch der Spieler stand nicht wieder auf.

## 25

*Wenn das Jahrtausend beginnt, das nach dem*
*Jahrtausend kommt*
*Werden die Tiere, die Noah in seine Arche*
*aufgenommen hat*
*nicht mehr in den Händen des Menschen sein*
*Der die Tiere nach seinem Willen verändert hat*
*Und wer wird sich um ihr nicht enden wollendes*
*Leid kümmern?*

*Der Mensch wird jedes Lebewesen so gestalten, wie*
*es ihm gefällt*
*Und er wird unzählige davon getötet haben*
*Was wird aus dem Menschen werden, der die*
*Gesetze des Lebens verändert hat*
*Der aus dem lebenden Tier einen Lehmklumpen*
*machte*
*Wird er das Ebenbild Gottes oder das Kind des*
*Teufels sein?*

Voller Furcht betrat er die Halle.

Man hatte die Tür hinter ihm wieder geschlossen, und nun umgab ihn eine überhitzte Atmosphäre. Lampen, die violettes Licht verströmten, beleuchteten den Raum.

Vom Boden bis zur Decke türmten sich ganze Reihen von kleinen vergitterten Käfigen. Die ganze

Halle war voll davon, es waren Tausende. Der Geruch war so betäubend wie der, den man in manchen Krankenhäusern wahrnimmt, wenn man sich den Operationssälen nähert. Es war ein gleichermaßen chemischer wie biologischer Geruch, eine Mischung aus Chlor und Exkrementen. Musik tönte aus unsichtbaren Lautsprechern, die über der Metalldecke angebracht sein mußten.

Bis zu diesem Moment hatte der Mann die Tiere noch nicht gesehen, doch als er ein paar Schritte vortrat, bemerkte er sie, eingezwängt in ihren kleinen Zellen, unfähig, sich in der Enge der Zellen zu bewegen. Vor ihnen fielen in regelmäßigen Intervallen verschiedenfarbige Körner und Samen herab, dicht vor ihre Schnäbel, so daß sie sich zum Fressen nicht bewegen mußten, doch es war ihnen gleichzeitig geradezu unmöglich, nicht zu fressen. Waren es Hühner, Enten oder Gänse? Der Mann hatte vergessen, was man ihm gesagt hatte, so stark waren seine Gefühle und seine Unruhe. Und doch hatte er für Tiere nie intensives Interesse gezeigt. Als Kind hatte er zu Hause zwei Katzen gehabt, dennoch war ihm nur eine vage Erinnerung daran geblieben. Die aristokratischen Faulpelze hatten den ganzen Tag vor sich hingedöst und erst zu streunen begonnen, wenn sie Hunger bekamen.

Doch dies hier war etwas anderes. Bevor er in die Halle getreten war, hatte er sich die Schlachtkammer angesehen – wo per elektrischer Entladung getötet wurde – und anschließend den Raum, wo die sogenannte ›Produktvorbereitung‹ stattfand: Dort wurden die Tiere gerupft. An den Krallen aufgehängt, wurden sie an Maschinen mit einer Gebläsevorrichtung vorbeigelenkt. Wenige Sekunden später waren sie nackt, an den Füßen festgemacht, die Hälse gestreckt. Dann folgten weitere Maschinen, die ihnen die Eingeweide entfernten. Sie wurden gewaschen und getrocknet, und schließlich – der einzige Eingriff von menschlicher Hand – wurden sie gedreht und gewendet: Frauen prüften, ob sie frisch aussahen. Eine letzte Maschine versah sie mit einem Papierstreifen.

Zum erstenmal sagte sich der Mann, daß es eine Einheit des Lebens gebe. Die Idee erschien ihm skurril, aber sie faszinierte ihn. Er fühlte sich mit diesen Tieren solidarisch. Er schwor, in Zukunft vegetarisch zu leben.

Dann hatte er den Eindruck, daß sich eines Tages das Leben an den Menschen rächen würde, die sich anderen Lebewesen gegenüber so verhielten.

Er dachte an Gefängnisse, an Lager und verließ eilig die Halle.

## 26

*Wenn das Jahrtausend beginnt, das nach dem Jahrtausend kommt*
*Muß man um das Kind des Menschen Angst haben*
*Gift und Hoffnungslosigkeit werden auf es lauern*
*Man wird es nur für sich wünschen und nicht um seinetwillen oder für das Leben*
*Es wird gehetzt werden, und manchmal wird man seinen Körper verkaufen.*

*Doch selbst jener, welcher von den Seinen beschützt wird*
*Wird bedroht sein, einen toten Geist zu haben*
*Er wird im Spiel und im Trugbild leben*
*Das ihn führen wird, denn er hat keinen Meister mehr*
*Niemand hat ihn gelehrt, zu hoffen und zu handeln.*

Der Junge mit den blonden Haaren war etwa zehn Jahre alt. Der Dunkelhaarige konnte etwas jünger sein, doch als der Polizist ihn befragte, antwortete er nur mit Brummen und Schulterzucken. Es war unmöglich, sein genaues Alter zu erfahren.

Als später seine Eltern ausfindig gemacht waren, erfuhr man, daß er vor einigen Tagen neun Jahre alt geworden war, doch er wirkte noch jünger, so schwächlich war er.

Während des Verhörs im Kommissariat schienen die beiden gar nicht auf die Fragen zu hören. Sie sahen durch eine Glaswand hindurch auf einen Bildschirm, der in einem Zimmer des Kommissariats an der Wand hing und die Bilder zeigte, die Kameras zu beiden Seiten der Gebäudeeingangstür aufnahmen.

War es dieses Interesse für Bilder, die einem der Polizisten die Idee eingab, von Fernsehserien zu sprechen? Er fragte, was sich die Kinder im Fernsehen ansähen. Zunächst schwiegen sie und warfen sich Blicke zu. Dann begannen sie beide zu sprechen, nannten die Namen von Helden, Mördern, von Waffen – erinnerten sich an alles, was sie vom morgendlichen Aufstehen um sechs Uhr dreißig an bis zum Schlafengehen abends um dreiundzwanzig Uhr in sich aufsogen. Was ist mit der Schule, fragte ein Polizist. Schule ist beschissen, alles Arschlöcher, Vollidioten, antworteten sie beide gleichzeitig. Gingen sie hin? Das kam darauf an. Eigentlich sollten sie ja. Dann brachen sie in Gelächter aus. In der Schule hatten sie, das gaben sie zu, Konsolen für Videospiele und zwei Tonbandgeräte geklaut. Grund genug, um ab und zu mal vorbeizugehen und sich anschließend zu bedienen, oder? Die Eltern wurden befragt.

Die Familien lebten in Einzimmerwohnungen, beide Väter und Mütter waren arbeitslos. Sie stellten sich bei bestimmten Einrichtungen in die Schlange, wo Essensmarken verteilt wurden. Dann gingen sie nach Hause, weil es draußen kalt war. Gott sei Dank hatten sie einen Fernseher. Ging der kaputt, brach man sich gerne einen Arm oder verkaufte eine Niere, um einen neuen zu kaufen. Was sollte man denn ohne tun?

Man wäre schlimmer dran als Tiere.

Foltern Tierjunge andere Tierjunge? fragte sich ein Polizist.

Diese Menschenjungen hatten es mit anderen getan.

## 27

*Wenn das Jahrtausend beginnt, das nach dem Jahrtausend kommt*
*Wird sich der Mensch für Gott halten, obwohl er nicht mehr sein wird als bei seiner Geburt*
*Er wird immer zuschlagen, überwältigt von Wut und Eifersucht*
*Doch sein Arm wird stark sein durch die Macht, die er ergriffen hat*
*Als blinder Prometheus wird er alles um sich herum zerstören können.*

*Er wird in seiner Seele ein Zwerg bleiben und die Kräfte eines Riesen besitzen*
*Er wird mit Riesenschritten voranschreiten und nicht wissen, welchen Weg er nehmen soll*
*Sein Kopf wird schwer von Wissen sein*
*Doch er wird nicht wissen, warum er lebt und stirbt*
*Er wird wie seit jeher der Verrückte sein, der mit den Armen fuchtelt, oder das Kind, das wimmert.*

Er war derjenige, den die anderen Wissenschaftler ihren ›Meister‹ oder mit ein wenig zärtlicher Ironie ›Vater‹ nannten. Er herrschte, einfach weil er der Beste war, über die Gemeinschaft von Forschern, die das Verteidigungsministerium dieses großen Landes in einer für diesen Zweck komplett neu errichteten Stadt zusammengerufen hatte. Die Stadt lag verlassen in einer Wüste, weit weg von jeglicher menschlichen Siedlung. Doch an Mitteln hatte man nicht gespart, und das Leben in diesen komfortablen, von Bäumen umgebenen Häusern mit Swimmingpool war angenehm.

Die Wissenschaftler wußten, daß sie an einer Todesmaschinerie arbeiteten. Doch für sie war es nur eine Abfolge von Berechnungen, Plänen, chemischen Reaktionen, Gleichungen oder faszinierenden Laborexperimenten. Wenn die Tiere, die als Versuchskaninchen dienten, einem Experiment unterzogen wurden, litten sie. Das war den Wissenschaftlern klar, doch es ging hier darum, Systeme von Abschreckungswaffen zu entwickeln, die ja gerade einen allgemeinen Krieg verhindern sollten. So experimentierte man auch auf dem Gebiet der sauberen Bomben, die Menschen töteten, Gegenstände und Gebäude jedoch unbeschädigt und unverseucht ließen. Es mußten lediglich die Toten aus dem eroberten Gebiet entfernt werden, dann konnten die Maschinen mit anderen Menschen besetzt und wieder angeschaltet werden. Es war eine Traumwaffe, und manchmal vergaßen die Wissenschaftler, daß es sich wirklich um Tote handelte. Sie diskutierten so leidenschaftlich miteinander, als wäre es eine Simulation, ein Kinderspiel für Erwachsene.

Da gab es auch die lähmenden Gase, die die feindlichen Truppen unbeweglich machten, denn sie mußten sich in Krämpfen winden und ununterbrochen übergeben. Es war erstaunlich zu beobachten, wie die Laborhunde sich auf dem Boden wälzten und um ihr Leben heulten. Wenn die Wirkung des Gases nachließ, rappelten sie sich wieder auf und begannen von neuem, sich zu bekämpfen.

Mit seiner Weisheit und seiner Ruhe dämpfte der Meister die Begeisterung, forderte Nachweise und erinnerte daran, daß es sich um Krieg und nicht um ein Spiel handelte. Er flößte Respekt ein. Sinnend pflegte er durch die Straßen zu spazieren und dabei zu lesen.

Als er tot neben seiner Frau gefunden wurde, die er erwürgt hatte, weil sie einen Geliebten hatte, enthielten sich alle des Kommentars.

## 28

*Wenn das Jahrtausend beginnt, das nach dem*
*Jahrtausend kommt*
*Werden ganze Landstriche Kriegsbeute sein*
*Jenseits des römischen Limes und selbst auf dem*
*alten Reichsgebiet*
*Die Menschen derselben Städte werden sich*
*gegenseitig die Kehlen durchschneiden*
*Hier wird Krieg herrschen zwischen Stämmen und*
*dort zwischen Gläubigen.*

*Die Juden und die Kinder Allahs werden nicht*
*aufhören, sich zu bekriegen*
*Und die Erde Christi wird ihr Schlachtfeld sein*
*Doch die Ungläubigen werden überall die Reinheit*
*ihres Glaubens verteidigen wollen*
*Und es werden ihnen nur Zweifel und Macht*
*gegenüberstehen*
*Während der Tod überall voranschreitet wie die*
*Standarte der neuen Zeit.*

In der Stadt waren die zu Hause, die an Gott glaubten. Ihre Religion war dabei nicht wichtig. Solange sie die Existenz eines einzigen Gottes anerkannten, war dies ihre Stadt. Die einen hießen Juden, die anderen Christen und die dritten Moslems.

Es war die Stadt des Mönches Johannes, dem dort vor fast tausend Jahren in der Wüste die Prophezeiungen offenbart wurden, die den Menschen später, an der Schwelle des Jahres 2000, wiedergegeben werden sollten.

Es war die Stadt Jerusalem mit ihrer Klagemauer, dem Heiligen Grab und der Moschee.

Man hatte einem Kind erklärt, was diese drei Religionen, jede für sich, bedeuteten: denselben Glauben an einen Gott. Da es noch nichts von den Realitäten der Welt wußte, hatte es geantwortet, daß die drei Religionsgemeinschaften sich diese Stadt brüderlich teilen sollten, diese Stadt, die ihnen gleichermaßen gehörte, denn jede von ihnen betrachtete sie als heilig.

Das Kind mußte sich mit der Zeit die Geschichte des Hasses erzählen lassen.

Es gab Kriege: Jugendliche, die von zu Hause fortgejagt wurden, wuchsen in dem Wunsch nach Vergeltung zu Männern heran. Kinder wurden durch Schläge mit dem Gewehrkolben getötet, während sie auf den Bus warteten. Wieder anderen Kindern zerbarsten die Köpfe, als die Kugeln der Soldaten sie trafen. Da waren die Toten in der Moschee, die getöteten christlichen Pilger und die Gläubigen an der Klagemauer, die gesteinigt wurden.

Es war, als ob der Glaube, anstatt die Menschen zu einen, ihnen uneingeschränkt Gründe dafür gab, sich zu hassen, sich gegenseitig auszuschließen und gar aufzuschlitzen.

Man muß nur den Rabbi hören: »Der Fingernagel eines Juden ist mehr wert als eine Million Araber.« Man muß diesen jungen Moslem schreien hören, daß man alle Juden töten solle, alle. Er sei bereit, dafür zu sterben. Die Christen schienen am vernünftigsten zu sein – wahrscheinlich, weil sie auf diesem Boden in der Minderzahl waren. Doch anderswo, in einer Entfernung von kaum einigen hundert Kilometern, riefen die katholischen und orthodoxen Priester zum Kreuzzug auf und wünschten den Ungläubigen den Tod.

Und wer erinnert sich noch an die zweihunderttausend lebendig Verbrannten oder lebendig Begrabenen, die man in einer Wüste vergessen hatte, in einem Krieg, der so sauber war, daß er spektakulärer war als die beliebteste Fernsehsendung?

Gläubige, Ungläubige? An was glauben sie? fragte ein Kind.

An den Wahnsinn, antwortete ihm ein Mann, nicht an das Leben.

## 29

*Wenn das Jahrtausend beginnt, das nach dem*
*Jahrtausend kommt*
*Werden viele Menschen vom menschlichen Leben*
*ausgeschlossen sein*
*Sie werden keine Rechte, kein Dach und kein Brot*
*haben*
*Sie werden nackt sein und nur noch ihren Körper*
*haben zum Verkaufen*
*Man wird sie verstoßen weit weg von den Türmen*
*des Überflusses zu Babylon.*

*Sie werden bedrohlich knurren in Schuld*
*Sie werden ganze Landstriche besetzen und sich*
*vermehren*
*Sie werden die Weissagung von der Vergeltung*
*hören*
*Und sie werden die hochmütigen Türme stürmen*
*Die Zeiten der Invasion der Barbaren werden*
*gekommen sein.*

In manchen Nächten verlief alles gut. Auf den Straßen herrschte Ruhe, die Fahrgäste dösten im Bus, und an den Haltestellen wartete niemand, so daß der Busfahrer zwar leicht abbremste, aber nicht anhalten mußte. Doch oft war es wie beim Rodeo. Dieses Wort benutzten sie dafür, und die Jüngsten nannten es auch ›Western‹ und ›Angriff auf die Postkutsche‹.

Die Bande versteckte sich etwa zehn Meter von einer Haltestelle entfernt, wo eines ihrer Mitglieder stand, wie jemand, der auf seinen Bus wartet. Der Busfahrer hielt, er war leicht beunruhigt. Und plötzlich tauchte die Bande auf, blockierte die Türen, bevor der Busfahrer sie in Bewegung setzen konnte.

Einige Fahrer verteidigten sich mit Tränengasbomben, und manchmal wurde der Bus von einem Polizeifahrzeug begleitet. Doch im allgemeinen gab es kein Entrinnen, und die Fahrgäste verteidigten sich nicht. Was sollte man auch tun gegen das, was ein Soziologe im Fernsehen einmal als ›die Wilden der Städte‹ bezeichnet hatte?

Sie stürzten in die Busse, stahlen, lehrten die Taschen der Fahrgäste, warfen Fenster und Türen ein, manchmal stachen sie die Reifen auf, und ein- oder zweimal hatten sie bereits versucht, den Bus anzustecken.

Der Busfahrer verbarrikadierte sich in seiner kleinen Fahrerkabine und hoffte, daß die Scheiben unter den Hieben der Baseballschläger nicht zerbrechen würden.

Es war wie Krieg, sagte er, als er ins Busdepot zurückkam.

Manchmal streikten die Busfahrer, um Begleitschutz zu erwirken oder die Schließung der Route, die durch die heißen Viertel führte, wie sie genannt wurden. Doch das Rodeo, der Western, der Angriff auf die Postkutsche begann ein paar Wochen später von neuem, sobald die Polizei nicht mehr hinter dem Bus herfuhr. Zuviel Aufwand. Und warum sollte man auch versuchen, sich gegen diese Welle der Gewalt zu wehren, mit den beschränkten Kräften einer Handvoll Polizisten? Was konnte man ändern im Leben dieser Jugendlichen, die im Betonwald der Vorstädte eingingen – und manchmal losstürzten, um Scheiben einzuschlagen und Autos zu demolieren?

Der Busfahrer wußte es. Spätabends kehrte er mit der letzten U-Bahn heim. Oder er nahm morgens den ersten Zug, um zur Arbeit zu gehen.

Wenn er allein die unterirdische U-Bahnstation entlangging, beeilte er sich. Er hatte Angst. War das ein Leben?

## 30

*Wenn das Jahrtausend beginnt, das nach dem Jahrtausend kommt*
*Wird der Mensch in ein undurchdringliches Labyrinth eingetreten sein*
*Er wird Angst haben und die Augen schließen, denn er wird nicht mehr sehen können*
*Er wird voller Argwohn sein und bei jedem Schritt Furcht empfinden*
*Doch er wird vorwärtsgetrieben, denn es wird ihm keine Rast gewährt werden.*

*Die Stimme der Kassandra aber wird laut und stark sein*
*Er wird sie nicht hören*
*Denn er will immer mehr besitzen, und sein Kopf wird sich in Trugbildern verlieren*
*Jene, die seine Meister sein werden, werden ihn betrügen*
*Und es wird nur mehr schlechte Hirten geben.*

Gut tausend Abgeordnete hatten sich in einem der Konferenzsäle der Großen Internationalen Institution zusammengefunden. Sie kamen aus allen Ländern der Welt. Sie sprachen alle Sprachen, die der kleinen Nationen und die der großen Reiche. Es herrschte Gleichberechtigung, und in Kabinen saßen Dutzende von Dolmetschern, die alle Äußerungen simultan übersetzten. Selbst die Abgeordneten, die am weitesten von der Tribüne weg saßen, konnten auf Bildschirmen, die auf ihren Pulten installiert waren, die Gesichter des Redners und des Vorsitzenden sehen. Manchmal wurden Redner aus ihren Herkunftsländern, die vom Sitz der Großen Internationalen Institution Tausende Kilometer entfernt lagen, zugeschaltet.

Jeder Abgeordnete sprach über das, was er wußte.

Es gebe ein Loch in der Atmosphäre, sagte der eine, da müssen wir aufpassen. Es gebe giftige Substanzen, die Erde, Wasser und Himmel verschmutzten, sagte der nächste. Da ist Vorsicht geboten. In den südlichen Regionen seien die Männer in der Überzahl, dort gebe es ein starkes Ungleichgewicht. Zum Abschluß erhoben alle ihre Stimme, jeder in seiner Sprache: »Wir können nicht so weitermachen. Es muß sich etwas ändern. Schnell. Die Welt muß das begreifen. Ändern wir unsere Lebensgewohnheiten. Geben wir unserer Entwicklung eine neue Zielrichtung. Es muß etwas geschehen. Es bleibt uns nur noch ein knappes Jahrzehnt. Und ein Jahrzehnt ist schnell vorbei.«

Anschließend wurde die Sitzung kurz unterbrochen. Entspanntes Geplauder hob an. Man erkannte sich wieder. Adressen wurden getauscht, man erzählte sich Neuigkeiten über gemeinsame Freunde.

Nach der Pause wurde angekündigt, daß der Präsident des Landes kommen und die Abgeordneten begrüßen wolle. Alle erhoben sich, als er eintrat, und begrüßten ihn mit tosendem Beifall. Er war jung, dynamisch. Er repräsentierte die Zukunft. Er sagte: »Wir müssen die Karten neu mischen. Die Welt muß einen neuen Weg wählen. Wir können. Wir müssen. Also wollen wir auch.«

Er hob seine gekreuzten Hände über den Kopf. Dieses Bild sahen Hunderte Millionen Fernsehzuschauer, kurz bevor der Nachrichtensprecher vermeldete, daß die Bombardierung beschlossen worden sei. Es folgten einige Bilder von Flugzeugen, die von einem Flugzeugträger abhoben, und die Meldung, daß die Zinssätze gestiegen seien.

In dem von blauem Himmel überspannten Saal der Großen Internationalen Institution ging die Sitzung weiter.

# Wenn das Jahrtausend, das nach dem Jahrtausend kommt, zu Ende geht …

## 31

*Wenn das Jahrtausend, das nach dem Jahrtausend kommt, zu Ende geht*
*Werden die Menschen endlich die Augen geöffnet haben*
*Sie werden nicht mehr in ihren Köpfen und ihren Städten gefangen sein*
*Sie werden von einem Ende der Erde zum anderen sehen und einander verstehen können*
*Sie werden wissen, daß, was den einen schlägt, den anderen verletzt.*

*Die Menschen werden einen einzigen großen Körper bilden*
*Von dem jeder von ihnen ein winziger Teil ist*
*Gemeinsam werden sie das Herz sein*
*Und es wird eine Sprache geben, die von allen gesprochen wird, und so wird es endlich geboren werden, das große Menschliche.*

Vor dem Computerbedienungsfeld sitzend, ließ der Professor in dem halbdunklen Hörsaal den Zeiger hin und her wandern, um den versammelten Studenten die verschiedenen Netze zu zeigen, die um den Globus herum so etwas wie ein verästeltes Nervensystem bildeten, ähnlich dem zentralen Nervensystem des menschlichen Gehirnes.

Es war eine merkwürdige Gesamtansicht, die auf dem Bildschirm erschien. Die Erde glich einer Art schlagendem Herzen, ihre Kontinente und Ozeane wirkten wie lebendige Teile des Organismus. Die Verkabelungen, die Wellenvernetzungen, der Informationsaustausch, die Satelliten, die Stränge, die Datentransfers bildeten ein Blut- und Nervensystem, die Verästelungen der Adern kreuzten und überlagerten sich, dort flossen unvorstellbar schnell die Zahlen, die Informationen, all das Blut dieser Welt.

Wenn der Zeiger über das Bedienungsfeld glitt, bewegte sich auf dem Bildschirm ein schwarzer Pfeil, zur gleichen Zeit wie die Informationen oder die Satelliten, die auf ihrer Umlaufbahn um die Erde kreisten.

Auf einem anderen Bildschirm, der unter dem ersten installiert war, war eine gescannte Ansicht vom Gehirn und vom Herzen des Menschen zu sehen. Der Professor ließ den Zeiger auf diesen zweiten Bildschirm wandern.

Sehen Sie die Ähnlichkeit, sagte er. Jeder von uns ist eine Zelle, ein Teil des großen Organismus

Menschheit. Denken Sie an die Kraft seiner Lebendigkeit, seiner Energie, an die Macht seiner Kreativität, an sein Wachstum. Wir sind dreizehn Milliarden Menschen, dreizehn Milliarden. Und wir sind miteinander verbunden: Wenn eine Zelle, wie jeder von uns sie bildet, schwer befallen ist, wenn das Gleichgewicht in unserem Organismus gestört ist, zum Schaden des einen oder anderen, dann sind der ganze Körper und das Herz, dann sind wir alle befallen.

Noch vor kurzem gelang es den Menschen nicht, dies zu begreifen. Es hat seit dem Übergang ins dritte Jahrtausend noch einmal Jahrzehnte gedauert. Wir befinden uns in einer neuen Ära.

Seien Sie der Welt – der anderen – gegenüber offen. Begreifen Sie das Universum als lebendigen Körper, der Sie umschließt und den Sie umschließen.

Seien Sie eine menschliche Welt.

Der Körper der Welt ist unser Körper.

## 32

*Wenn das Jahrtausend, das nach dem Jahrtausend kommt, zu Ende geht*
*Wird der Mensch den Himmel erobert haben*
*Er wird Sterne schaffen im großen, dunklen blauen Meer*
*Und er wird auf diesem glänzenden Schiff reisen*
*Als neuer Odysseus, Freund der Sonne, auf die Himmlische Odyssee gehen.*

*Doch er wird auch der Herr des Wassers sein*
*Er wird große Wasserstädte bauen*
*Die sich von den Früchten des Meeres ernähren*
*Er wird so an allen Orten der großen Domäne wohnen*
*Und nichts wird ihm verboten sein.*

Sie werden gigantisch sein, wie riesige Erdbrocken. Es werden ausgehöhlte Planeten sein, vom Menschen im All konstruiert. Sie werden sich um sich selbst drehen, um die notwendigen Gravitationsbedingungen zu schaffen, und der Mensch wird sich auf ihnen wie auf der Erde bewegen.

Es wird regelmäßigen Pendelverkehr von der Erde zu diesen Planeten geben, diesen riesigen Gravitationsgebilden, die in ihrem Inneren nicht nur Instrumente und Maschinen beherbergen, sondern auch Naturräume. Denn wenn der Mensch außerhalb und weit entfernt von der Erde überleben will, muß er Natur um sich haben. Er wird also in diesen hohlen Planeten sein Ökosystem schaffen. Er wird sie bewässern und mit dem Sonnenlicht erwärmen, von dem diese Planeten umgeben sind. Die Fortbewegung dort wird leichter sein, denn durch eine Veränderung der Rotationsgeschwindigkeit des Planeten kann die Anziehungskraft verringert werden; man kann sich also mehr oder weniger bequem von einem Ort zum nächsten bewegen. Der Mensch kann auch spielerisch ganz neue Fähigkeiten entwickeln: Er kann, ob er leicht oder schwer ist, beweglich wie ein Vogel sein – je nachdem, wie stark die Gravitation eingestellt ist.

Er wird diese Planeten verlassen, um weiter in das Universum vorzudringen, das auf diese Weise zu seinem Entdeckungs- und Ausbeutungsterrain wird.

Doch gleichzeitig wird diese neue Lage, dieser Standpunkt außerhalb der Erde, dem Menschen das Gefühl geben, tatsächlich ein Teil dessen zu sein, was man Menschheit nennt.

Was ist, von oben, von so weit oben betrachtet, dieser blaue Planet, Nährboden und Ausgangspunkt für den Start ins All, wenn nicht eine Mutter, die alle Menschen hervorgebracht hat, ganz gleich welcher Hautfarbe und Rasse?

Welch ein Wahnsinn, werden die denken, die von

den hohlen Planeten aus die Erde – von da aus gesehen nur ein lebender Punkt im Universum – betrachten, wenn man sich vorstellt, daß die Menschen einander so lange und so hart bekämpften. Was haben diese Kämpfe für einen Sinn? Was bedeutet links, rechts, eine Nation gegen eine andere, eine Rasse im Vergleich zu einer anderen, wenn die Menschheit von oben betrachtet so einheitlich, so zerbrechlich und so großartig erscheint – und doch fähig, alles anzupacken und alles zu durchdringen, solange sie nur einig und brüderlich ist?

## 33

*Wenn das Jahrtausend, das nach dem Jahrtausend kommt, zu Ende geht*
*Werden sich die Menschen unter Wasser bewegen können*
*Ihr Körper wird neu sein, und sie werden Fische sein*
*Und einige werden höher fliegen als Vögel*
*Als ob der Stein nicht zur Erde fiele.*

*Sie werden miteinander kommunizieren*
*Denn ihr Geist wird so offen sein, daß er alle Botschaften aufnehmen kann*
*Und Träume werden sie miteinander teilen*
*Und sie werden so lange leben wie der Älteste unter den Menschen*
*Jener, von dem die Heiligen Bücher sprechen.*

Jahrhunderte wird es dauern, Transplantationen, Experimente und jahrelanges Training werden nötig sein: Dann werden einige unter den Menschen Stück für Stück das wiedererlangen, was sie zu Beginn der Evolutionskette noch besaßen, die Kiemen, mit denen sie in die Tiefsee vordringen und sich auch längere Zeit ohne maschinelle Hilfe im Wasser aufhalten können. Andere werden Gravitationstechniken nutzen und mit Hilfe von einfachen und leichten Maschinen, die sie sich am Körper befestigen, fliegen.

Der Mensch wird auf diese Weise sowohl körperlich als auch in seinen Möglichkeiten wachsen.

Doch das Wesentliche wird fehlen. Denn diese Veränderungen des Körpers werden in einer Zeit stattfinden, die so weit entfernt ist, daß sogar Johannes von Jerusalem sie nicht sehen konnte.

Doch er sah. Und nach ihm besaßen andere Menschen die Macht weiszusagen, Verbindungen aufzunehmen und Dinge vorwegzunehmen.

Jeder von uns, erklärte der Professor seinen Studenten, hat in der Zukunft, »wenn das Jahrtausend zu Ende geht«, die Fähigkeit, zu senden und zu empfangen. Doch jahrtausendelang haben sich die Menschen bemüht, diese Fähigkeit abzutöten, und nur einige wenige, die großen Mystiker, Sehenden und Astrologen, die Dichter und Erfinder, konnten in sich diese Kraft spüren, die sie mit den anderen Menschen und den Kräften des Universums verband.

Inzwischen wissen wir, daß wir Wellenträger sind, so daß jeder von uns Sender und Empfänger werden kann. Wir sind fähig, Botschaften zu empfangen und zu entschlüsseln. Unsere Träume bilden aus diesen gesammelten Informationen Wirklichkeiten, die wir aus unserem bewußten Leben nicht kennen.

Wir wollen diese neue Art sein, die allen ausgesendeten Wellen und allen Botschaften gegenüber offen ist und die nicht durch Macht allein überlegen ist, sondern durch Intuition.

Unser Geist möge mit dem Geist der Welt in Verbindung treten.

Die Zeit möge ruhig in uns eindringen wie ein großer wohltuender Strom. Dann wird uns das Alter nicht mehr wie ein Verfall vorkommen, sondern wie eine Steigerung unseres menschlichen Wissens.

Und der Tod wird nicht mehr sein als ein Übergang von einem Zustand in einen anderen. In dieser neuen Ordnung, die wir alle erreichen, werden wir noch immer Empfindungen haben – vielleicht noch intensivere, weil wir jenseits der Zeit alle jene wiedertreffen, die wir liebten und die von uns gegangen sind.

## 34

*Wenn das Jahrtausend, das nach dem Jahrtausend kommt, zu Ende geht*
*Wird der Mensch den Geist aller Dinge kennen*
*Den Stein oder das Wasser, den Körper des Tieres oder den Blick eines anderen*
*Er wird die Geheimnisse durchdringen, welche die alten Götter hüteten*
*Und er wird ein Tor nach dem anderen aufstoßen zu dem Labyrinth des neuen Lebens.*

*Er wird schaffen, kraftvoll und sprudelnd wie eine Quelle*
*Er wird alle Menschen das Wissen lehren*
*Und die Kinder werden die Erde und den Himmel besser kennen als irgend jemand vor ihnen*
*Und der menschliche Körper wird größer und gewandter sein*
*Und sein Geist wird alle Dinge umgeben und sie besitzen.*

Allmählich wird der Mensch das Prinzip der Einheit entdecken.

Dies wird sich in Etappen vollziehen. Zunächst wird es bis zum Ende des zweiten Jahrtausends das Wissen über das Äußere der Dinge geben. Doch bereits Anfang der neunziger Jahre, kaum zehn Jahre vor dem Jahrtausend, das nach dem Jahrtausend kommt, waren die Wissenschaftler dem Geheimnis des Lebens auf der Spur. Sie, die schon das Prinzip der Energie von Materie entdeckt hatten, begannen das Gebiet der Lebensenergie zu ergründen.

Aber noch waren dies nur Kenntnisse über die äußeren Hüllen. Man mußte tiefer eindringen. Im Laufe von Jahrzehnten, die dem Jahrtausend folgten, das nach dem Jahrtausend beginnt, stellten die Wissenschaftler Zusammenhänge her zwischen allem, was existierte.

Alles basiere auf Vibrationen, auf Partikeln, die auf Wellenströmen transportiert werden, alles sei vergänglich, und es gebe keinen Wesensunterschied zwischen dem, was einen Granitblock ausmacht, und einem lebenden Organismus, zwischen Stein und Zelle.

Alles sei eine Frage der Organisation der kleinsten Teilchen, der Geschwindigkeit, mit der sie sich bewegten, und der Verbindungen, die sie untereinander eingingen.

Wenn man ein Stück Zucker auflöst, dann ist es trotzdem nicht verschwunden. Seine Substanz hat sich verteilt, sie befindet sich in einem Schwebezustand und kann wiederhergestellt oder anders zusammengesetzt werden. Das ist das Prinzip der Einheit des Universums. Endlich hatte der Mensch begriffen, daß die Sterne, die Sonne, die Erde, ja selbst ein Gefühl, Liebe oder Schmerz, von ein und derselben Art sind: die Bewegung der kleinsten Teilchen auf Wellenfeldern, ihre Art, sich zu verbinden oder auseinanderzugehen.

Dies zu entdecken und zu verstehen, hieße, daß dem Menschen die Beherrschung der Wellen gelingen könnte. Endlich würde er sich wie ein lebendiger Teil des Universums fühlen, das vielleicht nur das Gehirn und der Körper einer anderen, größeren, aber ebenso fließenden Struktur ist.

Der Mensch würde begreifen, daß also alles nur Welle und Fluß, Bewegung und Ausdehnung oder Kontraktion ist.

Er würde erfahren, daß alles mehr oder weniger schnelle Vibration ist und daß die unterschiedlichen Geschwindigkeiten den Unterschied zwischen Leben und Materie, zwischen Zärtlichkeit und Leidenschaft, zwischen Gleichgültigkeit und Verlangen ausmachen.

## 35

*Wenn das Jahrtausend, das nach dem Jahrtausend kommt, zu Ende geht*
*Wird der Mann nicht mehr der einzige Herr sein, denn die Frau wird kommen, um das Zepter zu ergreifen*
*Sie wird die große Herrin zukünftiger Zeiten sein*
*Und was sie denkt, wird sie den Männern aufzwingen*
*Sie wird die Mutter dieses Jahrtausends sein, das nach dem Jahrtausend kommt.*

*Sie wird die milde Süße einer Mutter verströmen nach den Tagen des Teufels*
*Sie wird die Schönheit sein nach den häßlichen Zeiten der Barbarei*
*Das Jahrtausend, das nach dem Jahrtausend kommt, wird sich in eine leichte Zeit verwandeln*
*Es wird geliebt und geteilt und*
*geträumt, und Träume werden wahr gemacht werden.*

Zu Beginn der Welt waren sie die großen Priesterinnen, die Göttinnen, die Kriegerinnen, die Königinnen. Im Universum sind sie häufig diejenigen, die organisieren und regieren. Und sie verstehen es, das männliche Wesen auszuschließen oder es nur so lange zu gebrauchen, wie es für die Schöpfung notwendig ist.

Einmal aber verloren sie ihren nach außen sichtbaren Einfluß. Die Männer ergriffen das Zepter der äußerlichen Macht, und die Gesellschaften wurden zu männlichen Organisationen. Die Frauen behielten die Macht der Verführung und das Reich des Gebärens. Ohne sie keine Menschheit.

Schließlich aber traten sie erneut aus dem Schatten hervor. In den Trümmern der Kriege begriffen sie, daß die Männer, solange sie allein an der Macht waren, die Barbarei nur fortsetzen konnten.

Sie stehen nun, an der Schwelle zum dritten Jahrtausend, »wenn das Jahrtausend, das nach dem Jahrtausend kommt, zu Ende geht«, vor dem Schritt in die Freiheit.

Als Eroberinnen treten sie in das neue Jahrtausend.

Die Zeit der Maschinen, die große Kraft erfordern, ist mit dem Jahr 2000 zu Ende. Alles ist leichter Antrieb, Bilder, Wellenströme; es ist, als ob Phantasie, Traum und die Erfindungen, die Spitzfindigkeit erfordern, die treibenden Kräfte der neuen Zeiten wären.

Und dies sind die Qualitäten der Frau.

Sie befindet sich in Harmonie mit den neuen Techniken. Das Virtuelle ist das Gebiet ihrer Träumereien. Sie ist Süße, nicht Gewalt. Sie legt sich ins Gras und träumt, anstatt Bäume zu fällen und Wild zu erlegen.

Sie kann es tun.

Doch der Mensch wird wissen, daß er ein Teil der Natur ist, daß er verrückt ist, wenn er sie beherrschen und besitzen will, daß er die Lebewesen beschützen muß, daß es keine minderwertige Welt gibt, daß alles, was lebt, alles, was existiert, bewahrt werden muß.

Die Frau wird lebendiger Ausdruck dieser Zeit sein. Sie wird lieben und träumen.

Sie gehört in die Dimensionen des Universums, denn sie trägt das Prinzip der Schöpfung des Lebens in sich, und das Jahrtausend wird, wenn es dem Ende zugeht, das der Schöpfung sein.

## 36

*Wenn das Jahrtausend, das nach dem Jahrtausend kommt, zu Ende geht*
*Wird es für den Menschen eine zweite Geburt geben*
*Der Geist wird sich der Masse der Menschen bemächtigen*
*Die eins sind in der Brüderlichkeit*
*Dann wird das Ende der Zeiten der Barbarei verkündet.*

*Es wird die Zeit einer neuen Stärke im Glauben sein*
*Nach den schwarzen Tagen am Beginn des Jahrtausends, das nach dem Jahrtausend kommt*
*Werden die glücklichen Tage beginnen*
*Der Mensch wird den Weg der Menschen wiederfinden*
*Und die Erde wird ihre Ordnung wiederhaben.*

Es gab den Tod, die Angst, die Ohnmacht dem Leid gegenüber. Es gab die Hoffnung auf eine andere Welt, nach dem Tod, dann den Glauben an die Möglichkeit, das Leben hier auf der Erde verändern zu können – all das hatte sich zerschlagen. In den Städten war der christliche Glaube nahezu verschwunden: leere Kirchen, kaum noch Priesterweihen. Die Vorstellung, daß es für das Unglück politische Lösungen gebe, war gegen Ende des zweiten Jahrtausends verworfen worden. Die Glaubensrichtungen, die sich überall ausbreiteten, schürten Haß. Die religiösen und ethnischen Kriege wurden immer zahlreicher. Wie sollte man auf die reagieren, die fanatisch ›Tod den Ungläubigen‹ forderten? Indem man tötete. Der Beginn des dritten Jahrtausends war somit eine Zeit der Gewalt, eine Zeit des Todes.

Als sich dann jedoch das Jahrtausend, das nach dem Jahrtausend kommt, dem Ende zuneigte, erfuhren Umstände und Einstellungen nach und nach einen Wandel. Die Frauen und Männer kehrten wie erleuchtet von Reisen zu den hohlen Planeten zurück, die im All konstruiert und wo ruhige und faszinierende Lebensräume geschaffen worden waren. Die Reisenden wurden zu Priestern und Missionaren, die sich für eine neue Sicht des Lebens und der Welt einsetzten. Die Erde ist eins, wiederholten sie immer wieder. In allen Ländern konnte man auf dem Bildschirm verfolgen, wie sie in der neuen Sprache redeten, und sie predigten die Brüderlichkeit. Es mag daran gelegen haben, daß sie einer verminderten Anziehungskraft ausgesetzt gewesen waren – sie erschienen gelassener als die ›terrestrischen‹ Menschen. Sie sagten, sie hätten, weit von der Erde entfernt, eine zweite Geburt erlebt und entdeckt, daß sie alle Bewohner einer einzigen Heimat, des Universums, seien und alle für einen Glauben – das Leben in all seinen Formen – einzustehen hätten. Sie predigten den gegenseitigen Respekt, den Schutz aller Lebewesen, wie auch immer sie geartet seien.

Diese Pioniere, die ›Kolonisten‹ im Weltraum, hielten Versammlungen ab, Massen von Menschen wollten ihnen zuhören und ebenfalls zu diesen ›Weltraumkolonien‹ reisen. Im Verlauf eines Treffens von Vertretern verschiedener Glaubensrichtungen wurde beschlossen, alle Gläubigen in einer einzigen Religion zu vereinigen. In dieser einen Religion könne jeder seine Riten beibehalten, jedoch würden alle Gläubigen an einen Gott glauben, einen Geist, der das Universum durchdringe und lenke.

Da fühlten sich die Menschen wirklich vereint, und nach einigen Jahren hörten die verschiedenen Kriegsherde und der Haß zwischen den Völkern auf zu lodern. Das Universum erschien so riesig, daß der Mensch seine Energie dort entfalten konnte und diese nicht mehr der Selbstzerstörung diente.

## 37

*Wenn das Jahrtausend, das nach dem Jahrtausend kommt, zu Ende geht*
*Werden Wege von einem Ende der Erde und des Himmels zum anderen führen*
*Die Wälder werden wieder dicht sein*
*Und die Wüsten werden bewässert werden*
*Die Wasser werden wieder rein sein.*

*Die Erde wird wie ein Garten sein*
*Der Mensch wird auf alles achten, was lebt*
*Er wird reinigen, was er beschmutzt hat*
*Er wird die gesamte Erde als seine Heimat ansehen*
*Und er wird mit Weisheit an das Morgen denken.*

Zu Beginn des Jahrtausends war die Lage nach Meinung von Experten kritisch. Aus Afrika kamen die düstersten Meldungen und Prognosen. Die Wüste breitete sich aus. Die Böden waren mit der Zeit ausgelaugt und zu unfruchtbarem Laterit geworden. Städte, die mit ihren riesigen Vorstädten aus allen Nähten platzten, waren zu Ansteckungszonen geworden. Hunderttausende, Millionen Kranke wurden gezählt. Auf anderen Kontinenten fürchtete man die zerstörerische Verschmutzung der Luft. Die Atomkraftwerke waren brüchig geworden, weil in vielen Ländern vor allem die Kostenbegrenzung bei ihrem Bau eine Rolle gespielt hatte. Die Wälder waren ausgedünnt, die Luft mit giftigen Substanzen angereichert. Selbst in den Polarregionen wurden in toten Fischen tödliche Mengen an Quecksilber gefunden.

In den ersten Jahrzehnten des neuen Jahrtausends fand eine Bewußtseinsbildung statt. Die Bilder, die von Satelliten und den hohlen Planeten gesendet wurden – Bilder von der Erde, die von einer vergifteten Atmosphäre umhüllt ist, Bilder von Kontinenten, die von der Wüste verschlungen werden –, trugen entscheidend dazu bei, daß sich die öffentliche Meinung regte.

Da wurden Pläne von alten landwirtschaftlichen Betrieben gefunden. Man schätzte, wie stark die fruchtbare Erde zurückgegangen war, und beschloß, erneut und in der größtmöglichen Ausdehnung Terrassen zu schaffen, die Hänge neu zu bepflanzen – zu versuchen, die verlorenen Gebiete durch Landwirtschaft wiederzugewinnen. Überall gab es nur noch einen Wunsch: die Erde in einen Garten zu verwandeln, um der Erosion ein Ende zu setzen, Früchte zu ernten, die nicht vollgepumpt sein sollten mit chemischen Substanzen, den Frauen und Männern, die über Generationen hinweg entwurzelt gewesen waren, ein Stück erdgebundene Heimat zurückzugeben.

Einerseits setzte eine starke Bewegung zurück zur

Scholle ein, andererseits eine psychologische Neuorientierung des Menschen. Während er einerseits in der Lage war, die Weiten des Universums zu erforschen, auf künstlichen Planeten oder in Unterwasserstädten zu leben, besann er sich andererseits auf die ländliche Weisheit, auf den Wunsch, dort zu wohnen, wo er den Boden bearbeitete. Es war, als ob nach den Anfangsjahren des Jahrtausends, die von großen Bevölkerungsbewegungen, von wahren Migrationen charakterisiert waren, nun endlich die Stabilität erreicht wäre.

Wenn die Kinder über die Geschichte am Ende des zweiten Jahrtausends mit all ihren Kriegen lasen oder etwas über diese Zeiten sahen, kam es ihnen vor, als handele es sich um prähistorische Überlieferungen.

## 38

*Wenn das Jahrtausend, das nach dem Jahrtausend kommt, zu Ende geht*
*Wird jeder sein wie ein gleichmäßiger Schritt*
*Man wird alles über die Welt und seinen Körper wissen*
*Krankheiten werden geheilt werden, bevor sie auftreten*
*Jeder wird sein eigener Heiler und der anderer sein.*

*Man wird verstanden haben, daß man helfen muß, um aufrechtzuerhalten*
*Und der Mensch wird nach den Zeiten der Verschlossenheit und des Geizes*
*sein Herz und seine Börse den Besitzlosen öffnen*
*Er wird sich als Hüter der menschlichen Ordnung verstehen*
*Und so wird endlich eine neue Zeit anbrechen.*

Damals, so schloß der Geschichtsprofessor, wußten die Menschen erst, daß sie eine Krankheit hatten, wenn sie Schmerz verspürten und das Fieber Grund zur Sorge gab. Dann riefen sie einen Arzt.

Im Hörsaal – und zu Hause bei den Studenten, die der Vorlesung per Bildschirm folgten, und bei denen, die mit Kopfhörern auf den Ohren schlafend zuhörten – war das Erstaunen groß, und auf den Gesichtern der Studenten zeichnete sich Verachtung ab. Diese Vorfahren zu Beginn des Jahrtausends waren wirklich Barbaren und Primitive gewesen.

Sie kannten somit die ›Überwachungssysteme‹ – die ›Corder‹ – gar nicht, die schon bei der Geburt in den Körper implantiert wurden und mit denen sich jeder zu jedem beliebigen Zeitpunkt anzeigen lassen konnte, wie sein Gesundheitszustand war. Sie konnten also auch nicht vorhersehen, wann sich im Organismus eine Schwachstelle bildete und man, ohne die Krankheit oder das Fieber abzuwarten, darauf reagieren und Präventivmaßnahmen einleiten mußte. Ein weiteres System zeigte manchmal automatisch an, was zu tun war – oder leitete die Maßnahmen gleich selbst in die Wege.

Es konnte sich nicht nur jeder selbst regulieren, sondern man war auch in der Lage, selbst die Diagnose zu stellen und sich die entsprechende Behandlung zuteil werden lassen, indem man seine Ernährung änderte oder bestimmte gymnastische Übungen machte.

Jeder war für sein eigenes Leben verantwortlich, und jeder verfügte über Mittel, um sich zu beobachten und zu heilen. Schnittstellen ermöglichten den Zugang zu einer zentralen Gesundheits- und Heilungsinstitution, wo jeder im Bedarfsfalle die Behandlungsmethoden der anderen abrufen konnte.

Dieser verantwortungsvolle ›Individualismus‹ erstreckte sich auch auf das Verhältnis der Menschen zur Natur, zur Umwelt. Das Leben wurde nicht mehr als individuelles Abenteuer auf eigene Gefahr betrachtet, sondern als Teil eines lebenden Ganzen, das alle Lebewesen und das ganze Universum einschloß. Es konnte sich nur dann ausgewogen entwickeln, wenn das Universum selbst in gutem Zustand, bei ›guter Gesundheit‹, war.

Doch es war auch keine Überwachungsgesellschaft, die sich da gebildet hatte. Es war ein Universum der Beherrschung, wo die Menschheit die Schönheit und Ausgewogenheit des Körpers und der Seele eines Weisen, eines Meisters aus den alten Zeiten, besaß.

## 39

*Wenn das Jahrtausend, das nach dem Jahrtausend kommt, zu Ende geht*
*Wird der Mensch gelernt haben, zu geben und zu teilen*
*Die bitteren Tage der Einsamkeit werden vorbei sein*
*Er wird von neuem an den Geist glauben*
*Und die Barbaren werden von allen anerkannt werden.*

*Doch das wird nach den Kriegen und Feuersbrünsten geschehen*
*Es wird aus den verkohlten Trümmern der Türme von Babel erstehen*
*Und eine eiserne Faust wird nötig sein*
*damit Ordnung in das Chaos kommt*
*Und der Mensch den rechten Weg wiederfindet.*

Früher sagte man respektvoll und bewundernd über diesen Mann: Er ist ein Gewinner, ein Schlächter. Er hat alles angepackt und immer Erfolg gehabt. Er besitzt Eigentum. Er erteilt Befehle. Er ist mächtig.

Jemand, der am Ende des Jahrtausends, das nach dem Jahrtausend kommt, diese Beschreibung von Verhaltensweisen der Menschen am Ende des zweiten Jahrtausends hörte, sagte: In ›anpacken‹ stecke das Wort ›packen‹; besitzen bedeute, etwas für sich zu behalten; Befehle zu erteilen heiße, daß man die anderen nicht für fähig halte, für sich selbst verantwortlich und ihr eigener Herr zu sein; und Macht – die im übrigen als Qualität anerkannt wurde – bedeute, daß jemand töten, den Gegner auslöschen konnte. Genauso ist das gewesen, mußte der Konservator des Brauchtumsmuseums antworten.

Ein Schauer des Entsetzens ging durch die Menge seiner Zuhörer, etwa so, als hätte am Ende des 20. Jahrhunderts in einem Völkerkundemuseum jemand beschrieben, wie sich tief in den Wäldern Neuguineas Eingeborenenstämme kannibalischen Riten unterzogen. Und war es nicht diese Art von Sitten – symbolisch gesehen, schließlich aß man den Körper des Widersachers nicht, man ›aß‹ allerdings das, was er repräsentierte, was er besaß –, die durch die Geschichte hindurch weiterbestanden hatte bis zum Ende des Jahrtausends, das nach dem Jahrtausend kommt, einer Zeit, in der die Menschen endlich praktizierten, was die Religionen – alle Religionen – sie lehrten?

Sie hatten gelernt, Solidarität zu üben, denn jetzt wußten sie, daß sie tatsächlich zueinander gehörten: Was einem Indio in Amazonien passierte, ging auch sie an, und nicht nur aus moralischen Gründen: Es beeinflußte ganz konkret ihr Schicksal.

Sie hatten gelernt zu teilen, denn sie hatten verstanden, daß Eigentum, sobald es über das Notwendigste hinausging, eine Illusion war und daß alle Besitztümer, wie viele auch immer man angehäuft hatte, und die Macht, die sie verleihen mochten, auf dieser Welt dann nicht sicher waren, wenn die Welt wie brüchiger Boden unter ihren Füßen wegbrach.

Zu Berühmtheit gelangte in diesem neuen Kontext nicht der große Räuber, der große ›Schlächter‹, sondern der brüderliche Mensch, der endlich das Stadium des Unmenschlichen hinter sich gelassen hatte und – zum erstenmal in seiner Geschichte – ein humaner, ein menschlicher Mensch geworden war.

## 40

*Wenn das Jahrtausend, das nach dem Jahrtausend*
*kommt, zu Ende geht*
*Wird der Mensch wissen, daß alle Lebewesen Träger*
*des Lichtes sind*
*Und daß sie Geschöpfe sind, die Respekt verlangen*
*Er wird neue Städte gründen*
*Im Himmel, auf der Erde und auf dem Meer.*

*Er wird sich erinnern an das, was einst war*
*Und er wird zu deuten wissen, was sein wird*
*Er wird keine Angst mehr haben vor seinem eigenen*
*Tod*
*Denn er wird mehrere Leben in seinem Leben*
*gelebt haben*
*Und er wird wissen, daß das Licht niemals erlöschen*
*wird.*

Vielleicht hätte ein Mensch aus dem 20. Jahrhundert, der über den Strom der Zeit in das Jahrtausend gereist wäre, das nach dem Jahrtausend kommt, gesagt, die Menschen des fortgeschrittenen dritten Jahrtausends seien alle zu Mystikern geworden.

Doch sie waren gleichzeitig Wissenschaftler, und das hätte der Besucher zuerst bemerkt: Mit einem Blick hätte er die bewohnten künstlichen Planeten, die großen Wasserstädte, den interstellaren Pendelverkehr und die Arztmenschen, die ihr eigenes Leben regulieren konnten, erfaßt. Am ehesten wären ihm jedoch das Lächeln und der friedliche Ausdruck in ihren Gesichtern aufgefallen. Er hätte sich an das eigenartige Gesicht Buddhas erinnert und sich dann überlegt, daß die Weisen vergangener Zeiten, die Heiligen, die Mystiker, die Propheten aller Religionen, Vorboten gewesen waren und daß ihnen durch ihren Glauben und ihren inneren Frieden – den sie sogar wie Christus am Kreuz unter der Folter nicht verloren – offenbart worden war, wie die Zukunft der Menschen aussehen würde. Durch ihre Hoffnung waren sie verklärt gewesen.

Nun, am Ende des Jahrtausends, das nach dem Jahrtausend kommt, waren alle Menschen verklärt.

Es gab sogar in ihrem geschmeidigen und bedächtigen Gang, in ihren Gesten – die an chinesische Gymnastik oder an Joga-Übungen erinnerten – etwas Luftiges, als ob diese Menschen tatsächlich in der Lage wären, ihr Leben zu tanzen. Diese Art, im Universum zu existieren, und die Einstellung der Menschen am Ende des 20. Jahrhunderts waren etwa so unterschiedlich wie der Flug eines Vogels und der ohrenbetäubende Lärm, den ein Militärflugzeug beim Durchbrechen der Schallmauer macht.

Der Mensch hatte endlich das Stadium erreicht, in dem er das gesamte Universum und sein ganzes Leben beherrschte, sich in seinem Körper und in der Zeit wohl fühlte. Er kämpfte nicht mehr, verweigerte sich nicht mehr, sondern vertraute sich ganz der Welt an, denn er hatte endlich begriffen, daß er nur ein Element in der großen abwechslungsreichen Symphonie des Lebens war. Und so hatte er Gewißheit über die Ewigkeit erlangt, denn er bewegte sich im Leben, im eigentlichen Prinzip des Lebens. Er hatte begriffen, daß es in verschiedenen Zuständen auftreten konnte und doch immer da war, sei es in der Manifestation von Materie oder als Wellenschwingung. Der Mensch hatte endlich verstanden, daß er nicht zerstören darf, sondern etwas schaffen muß.

Daß Sterben nicht das Ende bedeutet, sondern Neubeginn durch Veränderung.